손에 쥐는 미국영어 - 기초회화

손에 쥐는 미국영어-기초회화

지은이 이창수
펴낸이 정규도
펴낸곳 (주)다락원

초판 1쇄 발행 2010년 3월 5일
초판 6쇄 발행 2020년 6월 22일

책임편집 김현
디자인 정현석, 박소연

다락원 경기도 파주시 문발로 211
내용문의: (02)736-2031 내선 523
구입문의: (02)736-2031 내선 250~252
Fax: (02)732-2037
출판등록 1977년 9월 16일 제406-2008-000007호

Copyright © 2010, 이창수

저자 및 출판사의 허락 없이 이 책의 일부 또는 전부를 무단 복제·전재·발췌할 수 없습니다. 구입 후 철회는 회사 내규에 부합하는 경우에 가능하므로 구입문의처에 문의하시기 바랍니다. 분실·파손 등에 따른 소비자 피해에 대해서는 공정거래위원회에서 고시한 소비자 분쟁 해결 기준에 따라 보상 가능합니다. 잘못된 책은 바꿔 드립니다.

값 13,500원 (교재+MP3 무료 다운로드)

ISBN 978-89-277-0009-8 18740
　　　978-89-277-0013-5 (세트)

http://www.darakwon.co.kr

- 다락원 홈페이지를 방문하시면 상세한 출판 정보와 함께 동영상강좌, MP3자료 등 다양한 어학 정보를 얻으실 수 있습니다.

손에 쥐는 미국영어 - 기초회화

이창수 지음

이 책을 시작하며

최근 영어 사교육 시장이 폭발적으로 증가하고 있다. 학원도 많아졌고 하루가 멀다 하고 별의별 희한한 '영어 학습법'을 내세우는 교재가 쏟아진다. 한동안은 '팝송만 따라 하면 영어가 된다'고 해서 '팝송 영어'라는 것이 유행하더니, '미국식 발음을 터득한다'며 고래고래 소리를 지르질 않나, '무조건 ○○ 문장만 외우라'는 식의 잔재주 부리기 비법까지, 각종 영어 잘하는 법이 학습자들을 현혹하고 있다.

그러나 기적을 약속하는 각종 학습법들의 출현에도 불구하고, 우리의 영어 구사력이 10년 전에 비해 크게 나아지지 않고 있는 것은 왜일까? 그것은 외국어 학습에는 '해당 외국어에 대한 탄탄한 문법지식'과 이를 바탕으로 한 '끊임없는 반복훈련'밖에 다른 길이 없기 때문이다.

한두 마디 익히는 요령 학습으로는 절대 영어 실력이 나아질 수 없다. 언뜻 보기엔 '딱딱하고, 재미없고, 지루해' 보여도 기초에 충실한 교재와 학습법을 따라야 한다. 미련하고 지루해 보이지만, 실은 그 길이 가장 빠른 '지름길'이기 때문이다.

이 교재는 요즘 유행하는 가볍게 재미 삼아 읽는 '일회용 책'이 아니라 '한번 영어를 제대로 공부해 보겠다'고 마음먹은 영어 학습자들의 오랜 친구가 될 수 있는 '정통 영어학습서'를 목표로 하고 있다. 「손에 쥐는 미국영어」 시리즈를 따라 다시 기본부터 차근차근 영어를 공부하다 보면, '유창한 영어회화'라는 풍성한 열매를 얻을 날이 반드시 올 것이다.

이창수

이 책의 구성과 학습법

뿌리가 튼튼해야 가지가 무성해진다!

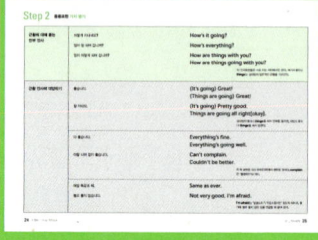

대표표현

인사, 취미, 옷차림, 은행, 면접 등 실생활에서 엄선한 **70**개 주제의 대표표현들을 **3~4**가지씩 제시하였습니다. 본문을 들어가기에 앞서 한 번 가벼운 마음으로 읽어 보고 넘어갑니다.

Step 1
기본표현 뿌리 내리기

'기본표현 뿌리 내리기'에서는 각 주제별로 가장 쓰임새가 많은 기본표현들을 정리하였습니다. 각 **point**에 제시된 기본 패턴을 참고하여 우리말을 영어로 바꾸는 훈련을 해 봅시다. 책에 실린 기본표현들만 마스터하면 웬만한 회화 기본기는 갖출 수 있습니다.

Step 2
응용표현 가지 뻗기

'응용표현 가지 뻗기'에서 다양한 상황에서 활용 가능한 든든한 회화 밑천을 준비하세요. 책에 실린 회화표현들은 미국 현지에서 가장 빈번하게 활용되는 표현들을 엄선하여 수록한 것입니다.

이렇게 공부하세요

먼저 MP3를 통해 내용을 확인하세요

영어책을 펼치면 그저 막막한 분들은 <저자직강 해설강의> MP3를 먼저 들어보세요. 교재의 내용 중 가장 뼈대가 되는 '**Step 1.** 기본표현 뿌리 내리기'를 중심으로 한 이창수 교수와 인기강사 크리스틴의 명쾌한 해설 강의가 회화의 기본기를 확실히 닦아 줍니다. 해설 강의가 끝나고 이어서 '**Step 2.** 응용표현 가지 뻗기'를 들을 때는 먼저 나오는 우리말을 듣고 이에 대응하는 영어표현들을 예측하며 들으면 학습 효과가 더욱 좋습니다.

영어의 기초를 다지는 **3**단계 트레이닝

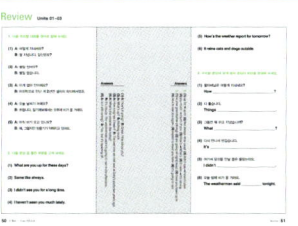

Step 3
실전회화 유창해지기

'실전회화 유창해지기'에는 **A:B** 이상으로 구성된 대화문이 각 **Unit**별로 2~4개씩 실려 있습니다. 앞 단계에서 배운 표현들은 색자로 표시하여 다시 한 번 복습할 수 있으며, 새로 나온 표현은 친절한 해설을 달아 놓았습니다.

Review
반드시 기억하고 넘어가야 할 표현들을 복습하는 코너입니다. 2~3개 **Unit**별로 마련된 문제를 풀면서 영어회화의 기초가 되는 중요 표현들을 다시 한 번 꼼꼼히 체크해 봅니다.

회화에 힘이 되는 지식 쌓기

단어나 표현을 배워도 그 문화나 제도 안에서 파악하지 못하면 **100%** 활용하기 어렵습니다. 각 **Unit**별로 미국 각지에서 취재한 최신 생활정보들을 주제별로 정리하였습니다. 가볍게 읽어 보세요.

우리말을 영어로 바꾸는 훈련을 합니다

이 교재에는 우리말 표현이 먼저 수록되어 있습니다. 먼저 제시된 '우리말'을 읽고 이를 '영어'로 어떻게 표현할지 잠시 생각해 보세요. 그리고 바로 옆페이지에 나오는 영어표현을 보고 자신이 생각한 문장이 맞는지 확인해 보세요.

영어를 먼저 보는 회화학습은 독해에 불과합니다. 또한 성인 학습자에게 '영어로 먼저 생각하라'는 것은 '신기루'에 불과한 주장입니다. 성인 학습자는 한국어가 먼저 생각날 수밖에 없습니다. 우리말에 대응하는 영어표현을 익히는 방법만이 대한민국 표준 일반인이 회화에 강해지는 유일한 길입니다.

유창한 영어회화 실력은 어떻게 길러지는가?

우리말을 영어로 바꾸는 훈련을 하라

영어를 잘하려면 '영어로 먼저 생각해야 한다'거나 '어린아이가 모국어를 습득하는 과정처럼 무작정 많이 듣고 따라 하라'는 주장을 하는 이들이 많다. 아이들은 '문법'이니 뭐니 하는 복잡한 지식 없이도 모국어를 자연스럽게 습득하는데, 그런 과정을 영어 학습에도 그대로 적용해야 한다는 것이다.

필자는 이 두 가지 주장이 표면적으론 그럴싸하게 들리지만 실제로는 우리 실정을 무시한 '신기루의 꿈'이라고 생각한다. 이미 한국어가 사고를 지배하는 제1언어로 굳어진 대다수 성인 학습자들은 절대 영어로 먼저 생각할 수 없다. 또 하루 한 시간 영어를 접하는 것도 어려운 현실에서 어느 세월에 어린아이가 모국어를 배우듯 무조건 듣고 따라 해서 영어를 익힐 것인가?

영어회화를 잘하려면 오히려 우리말을 매개체로 적극 활용하는 것이 더 현실적이다. 우리말이 먼저 생각나면 어떤가? 처음에는 '우리말 A는 영어에서 B 또는 C라고 한다'는 식으로 우리말에 대응하는 영어표현들을 익힌다. 이 단계에서는 우리말이 먼저 생각나므로 영어가 입 밖으로 나오기까지 시간이 걸릴 것이다. 그러나 그런 과정이 수없이 반복되면 우리말 표현이 생각나는 순간, 그에 대응하는 영어표현들도 기억에서 자동으로 재생되어 마치 영어표현이 바로 생각나는 것처럼 느껴지는 단계가 온다. 그리고 여기서 더 발전하면 우리말에 의존하지 않고도 영어로 생각하고 말할 수 있게 되는 것이다. 영어를 이중언어로 배우고 사용하지 않는 우리나라 같은 언어환경에선 이것이 더 현실적이고 효과적인 영어 학습법이다.

미국식 영어발음에 기죽지 말아라

요즈음 '미국식 영어발음'을 다루는 교재가 많아졌다. 미국의 영향력이 갈수록 커지고, 자주 접하는 영어가 미국영어라서 그런지 미국영어만이 진짜 영어인 것 같은 분위기에다, '미국식으로 발음하지 않으면 촌놈' 취급 받기가 일쑤이므로 영어발음에 대한 콤플렉스가 커지는 것도 무리가 아니다.

그러나 결론부터 말하자면 소위 '버터 바른' 미국식 영어발음을 하지 않고도 얼마든지 훌륭한 영어를 구사할 수 있다. 필자는 국제회의 통역사로 활동하면서 세계 각지에서 온 수많은 영어 연설자와 토론자를 만났지만, 국제회의 석상에서 '미국영어', '미국발음'을 하는 사람은 소수에 불과했다. 대부분의 사람들이 자신의 모국어 특유의 영어발음을 가지고 있었지만 그것이 의사소통에 방해가 되는 경우는 거의 없었으며, '미국식 영어발음'을 못해서 이들의 영어가 형편없이 평가되는 일도 없었다.

영어발음은 정확하면 그만이다. 우리나라 사람이 영어를 발음할 때는 다음 세 가지만 잘 지키면 된다. 첫째, 우리말에는 없는 영어의 소리, 가령 /f/, /v/, /θ/, /ð/, /s/, /z/ 등을 정확히 내려고 애쓴다. 둘째, 우리말에서는 거의 안 쓰이지만 영어에선 중요한 장모음을 확실히 지킨다. 가령, '양'이란 뜻의 sheep의 모음 /iː/를 길게 발음하지 않아서 '배'란 뜻의 ship이 되지 않도록 한다. 셋째, 단어를 식별하는 데 결정적인 역할을 하는 단어의 강세에 주의해서 발음한다.

이 세 가지만 유의하면 굳이 부자연스럽게 혀를 꼬아서 미국발음 흉내를 내지 않더라도 발음 때문에 상대방이 자신의 말을 못 알아듣는 불상사는 발생하지 않는다. 영어실력은 형편없으면서 괜히 혀만 굴려서 미국영어 흉내를 내는 학습자를 많이 보았다. 오늘부터 그런 식의 '미국발음 콤플렉스'는 완전히 벗어던지자.

적절한 '학습 동기'를 찾아라

이미 귀가 닳도록 들어온 말이겠지만 또 다시 강조할 수밖에 없는 것은 그만큼 영어 학습에서 '학습자의 흥미와 관심'이 중요하기 때문이다.

필자는 학창시절 미국 소설에 빠져 산 적이 있다. 당시만 해도 '청계천'의 헌책방들을 뒤져야 미군부대에서 흘러나온 영어 소설을 구할 수 있었다. 기껏해야 하루에 한두 페이지를 넘길까 말까 하는 영어실력이었지만 밤새워 사전을 뒤적이며 어렴풋이나마 이야기의 전개를 따라가는 것이 그렇게 재미있을 수 없었다. 그 따분한 짓을 왜 하는지 아마 다른 친구들은 이해할 수 없었을 것이다.

이렇듯 영어 학습에는 지루하기 짝이 없는 '영어 읽기와 듣기'를 세상에서 가장 재미있는 것으로 바꿔 주는 학습 동기가 절대적으로 필요하다. 여기서 말하는 재미란 '팝송'만 들으면 된다든지, 코미디언 같은 강사의 '우리말 재주'에 혹한다든지 하는 말초적인 재미가 아니다. 오랜 시간과 노력이 드는 '제대로 된 영어공부'를 하더라도 그것이 마냥 재미있어지는 학습 동기를 뜻하는 것이다.

더빙이나 자막에 의존하지 않고 외화를 감상하고 싶어서, 혹은 미국 NBA 프로농구 중계방송을 듣고 싶어서 등등 영어를 터득하는 것이 자신의 생활에 큰 기쁨을 제공해 주는 동기나 목표가 될 수 있다면 '영어와의 싸움'에서 이미 절반의 승리는 거머쥔 것이나 다름이 없다. 영어를 정말 잘하고 싶다면 먼저 자신에게 맞는 학습 동기를 적극적으로 찾아내 보자.

미국에서도 통하는 '진짜 영어'를 익혀라

하나를 배우더라도 제대로 배워야 실력으로 이어지는 법이다. 시중에 나와 있는 회화책을 보면 미국인들은 절대 쓰지 않는 어색한 표현들이 버젓이 실려 있는 경우가 많다. 하지만 그런 표현들은 어차피 회화에서 활용할 수 없기 때문에 배운 즉시 죽은 표현이 될 뿐이다.

여기에 수록된 표현들은 필자가 미국에 1년간 교환교수로 가 있으면서 식당, 백화점, 주유소 등 각종 상황에서 미국인들이 나누는 대화를 실제로 녹취하여 생활에서 가장 많이 쓰이는 표현만을 선별한 것이다. 그만큼 당장 미국에 가서 사용해도 바로 통하는 생생한 표현들로 구성되어 있다.

모처럼 영어를 다시 시작하겠다고 마음먹은 이상, 이번에야말로 진짜 실력으로 이어질 수 있는 제대로 된 영어표현들을 익히도록 하자.

Contents | 손에 쥐는 미국영어 - 기초회화 |

05_ 이 책을 시작하며
06_ 이 책의 구성과 학습법
08_ 유창한 영어회화 실력은 어떻게 길러지는가?

Chapter 1. 인사 Greetings

21_ **01 인사하기**
How are you doing? 안녕하세요?

33_ **02 오랜만에 만났을 때**
It's been a long time. 오랜만이네요.

41_ **03 날씨 인사**
What's the weather like today? 오늘 날씨가 어떻습니까?

Chapter 2. 초대 & 소개 Meeting People

55_ **04 초대하기**
Can you come over for dinner this Friday?
이번 금요일에 저녁 드시러 오시겠어요?

67_ **05 소개하기**
I'd like you to meet my colleague, Rick Jones.
제 동료 릭 존스를 소개합니다.

75_ **06 헤어질 때**
I'd better be going. 이만 가 봐야겠습니다.

Chapter 3. 취미 & 연애 Interests & Love

89_ **07 취미**
What are your hobbies? 취미가 뭐예요?

101_ **08 TV, 라디오, 영화**
What's on TV tonight? 오늘 밤 TV에서 뭐 하죠?

111_ **09 경기 관람**
It's five to two. 5대 2입니다.

123_ **10 이성 교제**
Are you seeing someone now? 지금 사귀는 사람 있어요?

137_ **11 화장과 패션**
I don't wear a lot of makeup.
저는 화장을 진하게 하진 않습니다.

Chapter 4. 운동 & 다이어트 Workout & Diet

155_ **12 건강**
I don't feel myself. 몸이 별로 안 좋아요.

167_ **13 체중 조절**
I need to go on a diet. 다이어트를 해야겠어요.

175_ **14 운동**
What kind of exercise do you do? 어떤 운동을 하세요?

Chapter 5. 일상 업무 Daily Affairs

189_ **15 은행에서**
I'd like to open a savings account.
예금계좌를 개설하려고 합니다.

199_ **16 우체국에서**
I'd like to send this first class.
이것을 일반우편으로 보내려고 합니다.

209_ **17 세탁소에서**
I'd like this dry-cleaned and pressed.
이거 드라이클리닝하고 다림질해 주세요.

219_ **18 이발소/미용실에서**
I'd like to get a haircut. 커트해 주세요.

Contents

| 손에 쥐는 미국영어 - 기초회화 |

Chapter 6. 물건 사기 Shopping

235_ 19 할인점과 슈퍼마켓
Which aisle are the toothbrushes in?
칫솔은 어느 열에 있습니까?

243_ 20 계산할 때
I'll pay in cash. 현금으로 내겠습니다.

257_ 21 교환과 환불
I'd like to return this for a refund.
이거 환불 받으려고 하는데요.

267_ 22 얼마에 샀는지 물어볼 때
How much did you pay for it? 얼마 주고 사셨어요?

Chapter 7. 외식 Wining & Dining

279_ 23 자리를 요청할 때
Can we have a table for three? 세 명 자리 있습니까?

287_ 24 식사 주문
I'd like the chicken. 저는 닭요리로 주세요.

301_ 25 한잔 하러 갈 때
How about a drink after work? 퇴근 후에 한잔 어때요?

Chapter 8. 전화 Making a Phone Call

317_ 26 전화를 걸거나 받을 때
Who's this, please? 실례지만, 누구시죠?

329_ 27 찾는 사람이 전화를 받을 수 없을 때
He's away from his desk. 잠깐 자리를 비웠습니다.

337_ **28** **메시지를 남길 때**
　　　　Please ask her to call me back.
　　　　저에게 전화해 달라고 전해 주세요.

Chapter 9. 회사 생활 Business Life

349_ **29** **직업과 구직**
　　　　What do you do for a living, if I may ask?
　　　　직업이 무엇인지 여쭤 봐도 될까요?

361_ **30** **면접**
　　　　Where did you go to school? 어느 학교를 나왔습니까?

377_ **31** **근무시간**
　　　　What time do you get off work? 몇 시에 퇴근하십니까?

391_ **32** **승진과 연봉인상**
　　　　I got passed over for a promotion.
　　　　승진에서 탈락했습니다.

Chapter 10. 학교 생활 School Life

403_ **33** **수강 신청**
　　　　I'm taking 6 courses this semester.
　　　　이번 학기에 6과목을 듣고 있습니다.

411_ **34** **리포트**
　　　　I have a History assignment due on Tuesday.
　　　　화요일까지 내야 하는 역사학 과제가 있습니다.

421_ **35** **시험**
　　　　I still have one final to go.
　　　　기말고사가 아직 한 과목 남아 있습니다.

| 손에 쥐는 미국영어 – 현지회화 | # Contents

Chapter 1. 비행기 타기 Air Travel

- 01 항공편 예약   I'd like to book a flight to Tokyo.
- 02 탑승 수속   I'd like to check in for the flight to Sydney.
- 03 환전소에서   I'd like to exchange some Korean won for dollars.
- 04 기내에서   Can I get an eyeshade?
- 05 입국 심사 및 세관 통과   What's the purpose of your visit?

Chapter 2. 호텔 & 관광 Hotel & Sightseeing

- 06 빈방을 구할 때   Are there any vacancies for tonight?
- 07 호텔 서비스   Can I get some more towels?
- 08 관광정보를 물을 때   What's there to do in Seattle?
- 09 관광지에서   What are your hours?
- 10 사진을 찍을 때   Would you mind taking a picture of us?

Chapter 3. 쇼핑 Shopping

- 11 둘러볼 때   Just looking.
- 12 옷을 살 때   What size are you?
- 13 면세점과 기념품 가게   What do you recommend for a souvenir?
- 14 계산할 때   I'll pay in cash.

Chapter 4. 식사 Wining & Dining

- 15 예약 및 자리 요청   I'd like to reserve a table for three at 7 tonight.
- 16 주문하기   I'd like the fish and chips.
- 17 패스트푸드점에서   Hold the onions, please.
- 18 바에 가서   I'll have a Bud.

Chapter 5. 길 묻고 찾아가기 Asking for Directions

- 19 **길을 물을 때** Could you tell me how to get to Central Park?
- 20 **버스** Which bus goes to Twin Peaks?
- 21 **지하철과 기차** Which train should I take to get to Seaside?
- 22 **택시** Please drop me off past the intersection.
- 23 **교통 체증** I'm stuck in traffic.

Chapter 6. 자동차 운전하기 Renting a Car & Driving

- 24 **렌트하기** I'd like a compact car.
- 25 **자동차 구입** I'm in the market for a good used car.
- 26 **주유소에서** Fill it up with regular, please.
- 27 **정비소에서** I have a flat tire.
- 28 **단속에 걸렸을 때** You ran a red light at the intersection.
- 29 **교통사고가 났을 때** I had a fender-bender.

Chapter 7. 병원 가기 Going to See a Doctor

- 30 **증세를 설명할 때** I have a headache.
- 31 **진료 및 입원** I need you to close your eyes.
- 32 **약국에서** I'd like to have this prescription filled.

Chapter 8. 집 구하기 Renting an Apartment

- 33 **부동산에서** I'm looking for an apartment (to rent).
- 34 **집의 상태를 물을 때** Does it have air-conditioning?
- 35 **집에 문제가 생겼을 때** The refrigerator is broken.

Chapter 1
인사

01 인사하기
How are you doing?

02 오랜만에 만났을 때
It's been a long time.

03 날씨 인사
What's the weather like today?

01 인사하기

How are you doing?

안녕하세요?

How are you? → Fine. Thank you. And you?로 이어지는 인사말은 진부한 것 같지만 실제로 많이 쓰이는 인사표현이니 자신감을 갖고 사용하도록 하자. 상대방이 How are you (doing)?라고 인사를 건넸다면, Fine.과 같은 말과 함께 Thank you.라고 감사를 표시한 다음, 상대방의 안부까지 물어보는 것이 관례이다.

[대표표현]

안녕하세요?	**How are you?** **How are you doing?**
잘 지냅니다.	**(I'm) Fine.** **(I'm doing) Great.** **Not too bad.**

Step 1 기본표현 뿌리 내리기

point 1
안부 묻기

- **How are ~?**
- **How's ~?**
  ➡ ~은 어때요?

안녕하세요?

남동생은 어떻게 지내요?

부모님은 잘 계세요?

point 2
대답하기

- **I'm ~**
- **Hs's[She's] ~**
- **They're ~**
  ➡ ~ 자리에 '좋다, 나쁘다'에 해당하는 표현을 넣는다.

잘 지냅니다.

그는 잘 지냅니다.

부모님은 잘 계십니다.

그저 그렇습니다.

별로 좋지 않습니다.

How are you?
How are you doing?

안부를 묻는 가장 일반적인 인사말로, 처음 보는 사이에도 쓸 수 있다. doing을 붙이면 더 구어적인 표현이 된다.

How's your little brother doing?
How are your parents?

제3자의 안부를 묻는 경우, 주어의 단·복수에 따라 is와 are를 구별해서 사용한다.

(I'm) Fine. / (I'm) Very well. / Quite Well.
(I'm doing) Great. / Pretty good.
Not too bad.

How are you?로 물었을 때는 I'm ~으로, How are you doing?으로 물었을 때는 I'm doing ~으로 대답하거나, 이를 생략하고 Fine., Great.라고만 답한다. Not too bad.는 직역하면 '너무 나쁘지 않다'이지만, 실제로는 '좋다'는 의미로 쓰인다.

He's very well.
They're doing great.

So so.
Not very well.

01 _ 인사하기

Step 2 응용표현 가지 뻗기

근황에 대해 묻는 안부 인사	어떻게 지내세요? 일이 잘 되어 갑니까? 일이 어떻게 되어 갑니까?
근황 인사에 대답하기	좋습니다. 잘 지내요. --- 다 좋습니다. 더할 나위 없이 좋습니다. --- 매일 똑같죠 뭐. 별로 좋지 않습니다.

How's it going?

How's everything?

How are things with you?
How are things going with you?

⇨ 이 인사표현들은 서로 아는 사이에서만 쓴다. 여기서 it이나 things는 상대방의 일반적인 근황을 가리킨다.

(It's going) Great!
(Things are going) Great!

(It's going) Pretty good.
Things are going all right[okay].

⇨ 상대방이 it이나 things를 써서 안부를 물으면, 대답도 it이나 things를 써서 말한다.

Everything's fine.
Everything's going well.

Can't complain.
Couldn't be better.

⇨ 위 두 표현은 각각 주어인 I와 It이 생략된 것이다. complain은 '불평하다'의 의미.

Same as ever.

Not very good, I'm afraid.

⇨ I'm afraid는 '말씀드리기 유감스럽지만' 정도의 의미로, 듣기에 별로 좋지 않은 일을 언급할 때 붙여 준다.

특별한 일이 있는지 묻는 인사말	뭐 특별한 일 있어요?
	뭐 새로운 일 있어요?
	별일 있어요?
	요새는 뭐 하고 지내요?
특별한 일이 있느냐는 인사에 대답하기	별일 없습니다.
	특별한 일 없습니다.
	늘 똑같죠 뭐.
	늘 바쁘지요.

응용표현 가지 뻗기 Step 2

What's up (with you)?

What's new (with you)?

⇨ What's up?, What's new?는 서로 잘 아는 사이에 주고받는 인사 표현들로, 대부분 '별일 없다'는 식으로 답한다. 그러나 상황에 따라서는 '무슨 용건입니까?'란 질문이 될 수 있다.

What's happening?
What's going on?

What are you up to these days?

⇨ 마찬가지로 서로 잘 아는 사이에 주고받는 인사표현들이다. 그러나 What's happening?, What's going on?은 상황에 따라 '무슨 일이에요?'라는 의미로, 현재 벌어지고 있는 상황을 묻는 질문이 될 수 있다. be up to는 '계획하다, 꾸미다, ~하려고 하다'.

Not much.
Nothing much.

Nothing particular.

Same as usual.

Busy as usual.

Step 3 실전회화 유창해지기

Challenge: 1

A: 안녕, 수잔. **어떻게 지내세요?**
B: **좋습니다.** 감사합니다. 당신은요? **아이들은 잘 지내고요?**[1]
A: **저도 좋습니다.** 그리고 **아이들도 잘 있어요.** 감사합니다.

A: Hi, Susan. **How are you doing?**
B: **I'm doing fine.** Thanks. How about yourself? And **how are your little ones?**
A: **I'm fine**, and **the kids are doing great** as well. Thanks.

[1] **아이들은 잘 지내고요?** little ones 대신에 children 을 써서 How are your children?이라고 해도 된다.

A: 안녕, 리사. **어떻게 지내세요?**
B: **잘 지내고 있어요.** 고마워요. 새로 시작한 사업은 어떠세요?[1]
A: 사업이 한동안 잘 안 됐는데,[2] 지금은 상황이 나아지고 있습니다.[3]
B: 다행이네요.

A: Hi, Lisa. **How's it going?**
B: **Pretty good.** Thanks. **How's your new business going?**
A: It's been slow for a while, but things are looking up now.
B: I'm glad to hear that.

1 **새로 시작한 사업은 어떠세요?** '~은 어떠세요?'라고 어떤 것의 진행상황을 물을 때는 How's[How are] ~ going?을 쓴다. 가령, '프로젝트가 어떻게 돼 가요?'는 *How's* your project *going?*이라고 하면 된다.

2 **사업이 잘 안 되다** Business is slow.(사업이 느리다)라고 표현한다.

3 **상황이 나아지고 있다** '상황이 개선되고 있다'는 뜻이므로 Things are getting better.라고만 해도 되고, Things are looking up.이란 관용표현도 좋다.

Challenge: 3

A: 안녕, 톰. **어떻게 지내?**

B: **아주 좋아!** 정말 괜찮은 여름 아르바이트를 구했거든.[1] 그래서 신이 나 있지.[2] 너는 어때?

A: 그럭저럭 지내고 있어.[3] 아직 기말 보고서를 쓰고 있는 중이야.[4]

A: Hi, Tom. **How's everything?**

B: **Everything's fine!** I've landed a really nice job for the summer. I'm quite excited about it. How about you?

A: Well, **I'm hanging in there.** I'm still working on my term paper.

---

[1] **일자리를 구하다** '일자리'는 job, '일자리를 구하다'는 get a job 또는 land a job이라고 한다.

[2] **신이 나 있다** be excited about ~(~에 대하여 흥분되어 있다)이란 표현이 적절하다.

[3] **그럭저럭 지내고 있어** hang in은 '참고 견디다, 버티다'라는 뜻인데, hang in there라고 하면 '그럭저럭 지내다'라는 구어표현이 된다.

[4] **기말 보고서를 쓰고 있다** I'm writing my term paper.라고 해도 되지만, '어떤 것을 대상으로 작업하고 있다'라는 뜻의 work on도 익혀 두자.

실전회화 유창해지기 Step 3

Challenge: 4

A: 안녕, 수지. **별일 있어요?**
B: **별일 없어요.** 당신은요?
A: 저도 **별일 없어요.** 저기,[1] 이번 토요일에 파티를 여는데.[2] 올 수 있어요?
B: 초청해 줘서 고맙긴 한데, 못 갈 것 같네요. 다른 일이 있어서요.[3]

A: Hi, Susie, **what's up?**
B: **Nothing much.** How about you?
A: **Not much**, either. Listen, I'm throwing a party this Saturday. Can you come?
B: Thanks for asking, but I can't. I already have other plans.

[1] 저기 어떤 화제를 꺼낼 때 영어에선 Listen을 쓴다.

[2] 파티를 열다 '파티를 열다'라고 할 때는 have a party, give a party, throw a party처럼 다양한 동사가 쓰인다.

[3] 다른 일이 있다 '다른 일'이라고 하면 other things나 other matters를 떠올리기 쉬운데, 영어로는 other plans(다른 계획들)가 정확한 표현이다.

미국인을 당황하게 한 Good morning!

미국에 살고 있는 한국인 유학생 K씨는 수업이 없던 어느 날 오후 집 근처 공원으로 산책을 나갔다. 시원한 강바람을 맞으며 산책을 하던 K씨는 반대편에서 유모차를 밀고 오는 한 미국인 여성과 마주치게 되었다. 눈이 마주치자 그녀는 K씨를 향해 웃으며 Hi!라고 인사를 건넸다.

이에 K씨도 인사를 한다고 불쑥 나온 말이 Good morning! 그러자 그 미국인 여성은 흠칫 놀란 표정을 짓더니 금새 다시 웃으면서 지나갔다. 그리고 그 순간 K씨는 오후 3시가 넘은 시간에 Good morning!이라는 아침 인사를 했다는 것을 깨달았다.

'Good morning!은 아침에 주고받는 인사'라는 것은 초등학생도 아는 상식. 그러나 습관처럼 Good morning!을 외워 왔던 K씨는 오후에도 아침 인사말이 튀어나와 버린 것이다. 이 일화는 별일 아닌 것 같지만, 언어는 '지식'이 아니라 '습관'이라는 것을 생생히 보여준다. 아무리 아침에는 Good morning!, 오후에는 Good afternoon!이라고 수백 번 외워도 오전, 오후라는 시간과 그에 맞는 영어표현이 자연스럽게 입에 붙지 않는다면 이런 어이없는 실수를 하고 마는 것이다.

언어는 경험이고 생활이다. 따라서 영어를 정말 잘할 수 있는 방법은 오직 '끊임없이 말하고 또 말해 보는 것'뿐이다. 그렇게 반복적으로 영어를 사용하는 경험을 쌓아야만 필요할 때 적절한 영어가 바로 입에서 나올 수 있게 되는 것이다.

02 오랜만에 만났을 때

It's been a long time.

오랜만이네요.

이번 Unit에서는 누군가를 오랜만에 만났거나 뜻밖의 사람을 만났을 때 안부를 묻고 반가움을 표시하는 표현들을 익혀 본다. '오랜만입니다', '그동안 어떻게 지내셨어요?'와 같은 말을 영어로 말할 때 가장 중요한 것은 '오랜만'이란 의미를 현재완료시제로 나타낸다는 점이다. 따라서 '오랜만입니다'를 It's a long time.처럼 현재형으로 쓰지 않도록 주의한다.

[대표표현]

어떻게 지냈어요?	**How have you been?** **How have you been doing?**
오랜만이네요.	**It's been a long time.** **I haven't seen you for a long time.** **Long time no see.**

Step 1 기본표현 뿌리 내리기

point 1
오랜만에 만났을 때

- **have + p.p.**

⇨ 오랜만에 만난 사이에서 안부인사는 현재완료시제를 써서 표현한다.

어떻게 지냈어요?

요새 뭐 하고 지냈습니까?

오랜만이네요.

요새 잘 안 보이시던데요.

point 2
뜻밖의 사람을 만났을 때

- **nice surprise**
- **pleasant surprise**

⇨ 놀랍지만 반가운 일을 나타내는 영어표현들을 익힌다.

이거 뜻밖인데요!

여기서 당신을 만나다니!

How have you been?
How have you been doing?

⇨ How are you (doing)?의 are를 현재완료시제인 have been으로 바꿔 쓰면, 오랜만에 만났을 때 그간의 안부를 묻는 인사표현이 된다.

What have you been up to?

⇨ What are you up to?의 현재완료형으로, 별일이 없는 경우 Nothing much.와 같이 대답한다.

It's been a long time.
I haven't seen you for a long time[for ages].
Long time no see.
I haven't seen much of you lately.

What a nice surprise!
This is a pleasant surprise!

⇨ surprise 앞에 nice, pleasant(유쾌한)'를 붙여서, 상대방을 뜻밖에 만난 것이 '놀랍지만 반가운 일'이라는 감정을 표현한다.

Fancy meeting you here!

⇨ fancy -ing는 '~하는 것을 상상하다'로, 이 표현은 '여기서 당신을 만날 줄이야 상상이나 했겠는가?'라는 뜻의 관용표현이다.

I didn't expect to meet you here!

Step 2 응용표현 가지 뻗기

오랜만에 만났을 때	이게 얼마 만이죠?
	하나도 안 변했네요!
	다시 만나서 반갑습니다.
뜻밖의 사람을 만났을 때	이게 누구야!
	이거 톰 소여 아니야!
	세상 참 좁네요!
	여기는 웬일이세요?
언제 한번 만나자는 표현	언제 한번 만나죠.
	언제 점심이나 같이 합시다.

How long has it been?

You haven't changed a bit!

It's good to see you again.

It's nice to see you again.

Look who's here!

If it isn't Tom Sawyer!

What a small world!

⇨ It's a small world!, Small world, isn't it?처럼 바꿔 말하기도 한다.

What brings you here?

⇨ 우리말 표현대로 Why did you come here?라고 하면 따지는 듯한 느낌이 강해서 안 좋다.

Let's get together sometime.

Let's get together for lunch sometime.

Let's do lunch sometime.

⇨ '만나다, 뭉치다'는 get together. '점심을 같이 하다'는 get together for lunch라고 해도 되지만, 구어에선 흔히 do lunch라고 한다.

Step 3 실전회화 유창해지기

Challenge: 1

A: 안녕, 래리. **오랜만이네요.**

B: 수잔! **어떻게 지냈어요?**

A: 잘 지냈어요. 전 당신이 멕시코에 가 있는 줄 알았는데요.[1]

B: 맞아요, 그런데 지난 달에 그쪽 일이 끝나서 돌아왔어요.[2]

A: 잘 돌아왔어요. **언제 점심이나 같이 하죠.**

A: Hi, Larry. **Long time no see.**

B: Susan! **How have you been?**

A: Just fine. I thought you were in Mexico.

B: I was, but my work there was finished last month. So, I'm back here.

A: Welcome back. **Let's do lunch sometime soon.**

---

[1] **~인 줄 알았다** '~인 줄 알았다'는 I knew (that) ~가 아니라 I thought (that) ~라고 하는 데 주의하자. I knew (that) ~는 '~이 사실인 것을 알고 있었다'라는 의미이다.

[2] **돌아왔다** I came back.이라고 하면, 단순히 '(과거에) 돌아왔다'는 의미가 된다. '돌아와서 지금도 있는 상태'를 나타내기 위해서는 be동사를 현재형으로 써서 I'm back here.라고 표현해야 한다.

A: 안녕하세요, 존. 들어오세요! **이거 뜻밖인데요! 여기는 웬일이세요?**

B: 이 근처에 볼일이 있어서 온 길에,[1] 잠깐 들러서 인사나 할까 해서요.[2]

A: 그러세요? 앉으세요. 뭐 마실 것 좀 드릴까요?[3]

B: 신경 쓰지 마세요. 금방 가야 하니까요.[4]

A: Hi, John. Come on in! **This is a nice surprise! What brings you here?**

B: I was in the neighborhood. So, I thought I'd just drop by and say hello.

A: Of course. Have a seat. Can I get you something to drink?

B: Please, don't bother. I can't stay long.

---

1 **이 근처에 볼일이 있어서 왔다** I was in the neighborhood.(이 지역에 와 있었다)라고 표현한다.

2 **잠깐 들러서 인사하다** '잠깐 들르다'는 stop by, drop by라고 하고, '인사하다'는 say hello라고 한다.

3 **~ 좀 드릴까요?** Would you like ~?(~을 드시겠어요?)나 Can I get you ~?(제가 ~을 갖다 드릴까요?)란 표현을 쓴다.

4 **금방 가야 한다** I have to go soon.이라고 해도 뜻은 통하겠지만, 실제 미국인들이 쓰는 영어는 아니다. 대신에 동사 stay(머무르다)를 써서 '오래 머물 수 없다'라는 식으로 표현한다.

앤더슨 교수,
3년 만에 스티브 되다!

A: Nice to meet you, Prof. Anderson.
만나서 반갑습니다, 앤더슨 교수님.

B: Please call me Steve. Nice to meet you, too.
스티브라고 불러 주세요. 저도 만나서 반갑습니다.

미국 사람들은 최소한 호칭에 있어서는 격이 없다. 부모와 자식 간, 학생과 선생 간에도 거리낌없이 서로의 이름을 부른다. 위 대화에서처럼 보통 처음 만난 사이에도 인사를 하자마자 Prof.라는 존칭어를 붙이지 말고 '스티브'란 이름으로 불러 달라고 요청한다.

'~ 씨'라고 하는 것조차 상대방을 낮춰 부르는 것 같아 모든 사람에게 '~ 선생님'을 붙일 정도의 존칭어 인플레이션 속에서 사는 우리나라 사람들은 나이나 지위에 관계없이 이름만을 부르는 것에 대해 불편함을 느낀다.

필자도 미국 유학 초기에 교수들에게 말을 걸 때 항상 Prof. ~라고 불렀다. 미국 학생들처럼 교수를 이름으로 부르기까지 몇 달이 걸렸고, 또 그것을 껄끄럽지 않게 생각하기까지 3년 정도가 걸렸다.

호칭과 관련된 이런 이야기는 바로 언어가 문화라는 것을 보여 주는 단적인 예이다. 이러한 영어권 사람들의 문화와 생각을 이해하기 위해서는 끊임없는 관심과 노력이 필요하며, 우리 문화와의 차이를 이해하고 그 차이점을 극복하려는 상호 노력이 더 중요하다.

03 날씨 인사

What's the weather like today?

오늘 날씨가 어떻습니까?

날씨나 일기는 일상 회화에서 가장 빈번하게 등장하는 주제 중의 하나이다. 또한 낯선 사람과 대화를 시작할 때에도 날씨는 아주 편리한 화제이다. 날씨는 일반적으로 가주어 It을 써서 표현하는데, 이번 Unit에서는 현재의 날씨와 앞으로의 날씨를 표현하는 법을 익혀 보자.

[대표표현]

오늘 날씨가 어떻습니까?	**What's the weather like today?** **How's the weather today?**
오늘 좀 쌀쌀하네요.	**It's a little chilly today.**
비가 오고 있습니다.	**It's raining.**
아주 더울 겁니다.	**It's going to be very hot.**

Step 1 기본표현 뿌리 내리기

point 1 **날씨 묻기** ● What's ~ like? ● How's ~? ⇨ ~은 어떻습니까?	오늘 날씨가 어떻습니까?
point 2 **날씨 표현하기** ● It's + 형용사 ● It's + 동사-ing ● It's going to + 동사원형 ⇨ 날씨표현은 It을 주어로 해서 시작한다.	오늘 좀 쌀쌀하네요. 오늘 춥네요. 따뜻하네요. / 덥네요. 날이 흐립니다. 구름이 잔뜩 끼었습니다.
	비가 (억수같이) 오고 있습니다. 눈이 (엄청나게) 오고 있습니다.
	아주 더울 겁니다. 오후에 비가 올 겁니다.

What's the weather like today?
How's the weather today?

⇨ '~은 어떻습니까?'는 What's ~ like? 또는 How's ~?를 써서 표현한다.

It's a little chilly today.

It's cold today.

It's warm. / It's hot.

It's cloudy.

It's overcast.

⇨ 'It's + 형용사'는 현재의 날씨를 나타내는 가장 기본적인 표현 방법이다.

It's raining (hard).

It's snowing (hard).

⇨ 'It's + 동사-ing' 형태로 현재 비가 오거나 눈이 오는 것을 표현한다. rain은 '비가 오다', snow는 '눈이 오다'란 동사로 쓰였다.

It's going to be very hot.

It's going to rain in the afternoon.

⇨ 앞으로 날씨가 어떨 것이라는 예상은 'It's going to + 동사원형'을 써서 표현한다.

Step 2 응용표현 가지 뻗기

일기예보 묻고 답하기	오늘 일기예보에서 뭐래요?
	일기예보에서 오늘 밤에 비가 온다고 합니다.
	일기예보에서 오늘 흐리다고 했습니다.
눈, 비에 관한 표현	비가[눈이] 엄청 옵니다.
	비가 퍼붓 듯이 옵니다.
	비가 오락가락하고 있습니다.
	빗줄기가[눈발이] 점차 약해지고 있습니다.
	눈이[비가] 곧 그칠 것 같습니다.
더위, 추위에 관한 표현	찌는 듯이 덥습니다.
	다음 주엔 추위가 풀린답니다.
	다음 주면 더위가 한풀 꺾인대요.

What's the weather report for today?

The weather report says it's going to rain tonight.
The weatherman says it's going to rain tonight.
The weather report said it'll be cloudy today.

⇨ '일기예보에 따르면 ~이다'는 'weather report[weatherman]가 ~라고 말한다'는 식으로 표현한다.

It's coming down hard.
It's pouring[raining buckets, raining cats and dogs.]

⇨ pour는 말 그대로 '퍼붓다', rain buckets는 '양동이로 퍼붓 듯이 오다', rain cats and dogs는 '고양이와 개들이 싸우는 것 같이 요란하게 비가 오다'란 뜻이다.

It's raining on and off.   ⇨ on and off는 '오락가락하는'.
The rain[snow] is tapering off.
I think the snow[rain]'ll let up soon.

⇨ taper off는 '점차 줄어들다', let up은 '그치다'의 의미.

It's baking hot.

⇨ baking 대신 burning(타는 듯이), steaming(푹푹 찌는 듯이), sizzling(볶는 듯이)과 같은 표현을 쓰기도 한다.

They say it'll warm up next week.
They say the heat will break by next week.

⇨ warm up은 '따스해지다', break는 말 그대로 '꺾이다'.

Step 3 실전회화 유창해지기

Challenge: 1

A: 날씨가 어때요?

B: 구름이 잔뜩 끼었어요. 일기예보에서 오늘 늦게[1] 비가 온다고 했어요.

A: 그러면 우산을 가져가야겠군요.[2]

A: **What's the weather like?**

B: **It's overcast. The weatherman said it's going to rain later today.**

A: Then, I'd better take an umbrella with me.

[1] 오늘 늦게 later today(오늘 늦게) 또는 late in the afternoon(오후 늦게)이라고 한다.

[2] 가져가야겠군요 '~하는 편이 낫다[좋다]'란 뜻의 had better를 쓴다. 좀 더 격식을 갖춘 표현으로 might as well도 있다. '가져가다'는 take ~ with me로, 여기서 with me는 '지니고'라는 뜻이다.

A: **내일 일기예보는 어때요?** 비가 더 온대요?[1]

B: 아직 오늘 신문을 못 봤는데요. 봤어요?

A: 빌이 화장실에 가져갔나 봐요.[2]

A: **What's the weather report for tomorrow?** Are we going to have more rain?

B: I haven't seen today's paper, yet. Have you seen it?

A: I think Bill took it to the bathroom with him.

---

[1] **비가 더 온대요?** '비가 더 올 것이다'는 It's going to rain more.나 We are going to have more rain. 으로 쓰는데, 이것을 의문문으로 만들면 Is it going to rain more?, Are we going to have more rain? 이 된다. 또는 More rain?이라고만 물어봐도 말이 된다.

[2] **빌이 화장실에 가져갔다** '~을 …로 가지고 가다'는 take ~ to ... 구문을 쓴다. 그런데 Bill took it to the bathroom.이라고만 하면 단순히 '화장실에 갖다놓았다'라는 뜻이고, 뒤에 with him을 붙여야 '(현재 그가) 가지고 있다, 소지하고 있다'는 의미가 된다.

Challenge: 3

A: 아주 흠뻑 젖으셨네요![1] 수건을 갖다 드릴게요.

B: 고마워요. **밖에 비가 엄청나게 내리네요.** 우산도 별 소용이 없었어요.[2]

A: You're all soaked! I'll get you a towel.

B: Thank you. **It's raining cats and dogs** outside. The umbrella didn't help at all.

> [1] **흠뻑 젖다** '젖다'는 be wet, be soaked, be drenched 등으로 표현한다. 젖은 상태를 강조하려면 위 대화에서처럼 all을 넣거나, be wet to the skin과 같이 to the skin을 넣어 말할 수 있다.
>
> [2] **소용이 없었다** didn't help much(별 도움이 안 되었다), 또는 didn't help at all(전혀 도움이 안 되었다)과 같이 표현한다.

Challenge: 4

A: 이렇게 눈이 계속 내리면[1] 내일 여행은 연기해야 할 거예요.[2]

B: **곧 눈이 그칠 거예요.** 그러니까 너무 걱정하지 마세요.

A: We'll have to postpone our trip tomorrow, if it keeps snowing like this.

B: I'm sure **it'll let up soon.** So, don't worry about it.

> [1] **눈이 계속 오다** '계속 ~하다'라는 뜻의 'keep + -ing' 구문을 사용하자.
>
> [2] **연기하다** postpone이나 put off를 쓴다.

실전회화 유창해지기 **Step 3**

Challenge: 5

A: 모처럼 화창한 날씨네요.[1] 이렇게 좋은 날씨가 토요일 자선 바자회까지 계속되었으면[2] 좋겠어요.

B: 그럴 것 같지 않은데요.[3] **일기예보에서 내일 비가 온다고 했거든요.**

A: This is a nice break in the weather. I hope it'll hold up for the charity bazaar this Saturday.

B: I wouldn't bet on it. **The weatherman says it's going to rain tomorrow.**

[1] **모처럼 화창한 날씨이다** '어떤 날씨가 일정 기간 지속되다가 그치는 것'은 break를 써서 표현한다.

[2] **~이 계속되다** keep up 또는 hold up이란 숙어표현을 쓴다.

[3] **그럴 것 같지 않은데요** I wouldn't bet on it.(그럴 가능성에 내기를 걸지 않겠다)이라고 표현한다.

Review Units 01~03

1. 다음 우리말 대화를 영어로 말해 보세요.

(1) A: 어떻게 지내세요?
    B: 잘 지냅니다. 당신은요?

(2) A: 별일 있어요?
    B: 별일 없습니다.

(3) A: 이게 얼마 만이에요?
    B: 마지막으로 만난 게 2년전 샐리의 파티에서였죠.

(4) A: 오늘 날씨가 어때요?
    B: 흐립니다. 일기예보에서는 오후에 비가 올 거래요.

(5) A: 아직 비가 오고 있나요?
    B: 예, 그렇지만 빗줄기가 약해지고 있어요.

2. 다음 문장 중 틀린 부분을 고쳐 보세요.

(1) What are you up for these days?

(2) Same like always.

(3) I didn't see you for a long time.

(4) I haven't seen you much lately.

Answers

1. (1) **A:** How's it going? **B:** Great. How about you?
   (2) **A:** What's up? **B:** Nothing much.
   (3) **A:** How long has it been? **B:** The last time we met was at Sally's party two years ago.
   (4) **A:** What's the weather like today?
       B: It's cloudy. The weatherman said it's going to rain in the afternoon.
   (5) **A:** Is it still raining? **B:** Yes, but it's tapering off.

(5) How's the weather report for tomorrow?

(6) It rains cats and dogs outside.

3. 우리말 문장에 맞게 영어 문장의 빈칸을 완성해 보세요.

(1) 할아버님은 어떻게 지내세요?
How _____?

(2) 다 좋습니다.
Things _____.

(3) 그동안 뭐 하고 지냈습니까?
What _____?

(4) 다시 만나서 반갑습니다.
It's _____.

(5) 여기서 당신을 만날 줄은 몰랐는데요.
I didn't _____.

(6) 오늘 밤에 비가 올 거래요.
The weatherman said _____ tonight.

Answers

2. (1) up for ↓ up to (2) like always ↓ as usual (3) didn't see ↓ haven't seen (4) you much ↓ much of you (5) How's ↓ What's (6) It rains ↓ It's raining
3. (1) is your grandfather (doing) (2) are going all right[okay] (3) have you been up to (4) nice to see you again (5) expect to meet you here (6) it's going to rain

영어로 일기예보를 듣는 세 가지 요령

일기예보는 말하는 속도가 빨라서 알아듣기 쉽지 않지만, 사용되는 표현이 한정적이므로 여러 번 듣다 보면 대강의 내용은 이해할 수 있게 된다. 보통 일기예보는 1) 기상 상태(맑거나 흐림), 2) 눈·비 올 확률, 3) 최고 및 최저 기온 등의 3가지 내용으로 구성되어 있다.

> ❶ **Today's forecast calls for** mostly cloudy skies ❷ **with a 50 percent chance of** showers or thunderstorms. ❸ **Today's highs will be** around 90 degrees **with lows in** the mid-70s inland and upper 70s along the coast.

❶ Today's forecast calls for ~

'오늘의 일기예보는 ~을 예견합니다'란 뜻으로, 뒤에 clear skies(맑은 날씨), cloudy skies(흐린 날씨)와 같은 날씨를 나타내는 표현이 오게 된다.

❷ with a 50 percent chance of ~

소나기 등이 올 '확률이 50퍼센트'란 말로, 여기서 chance는 '확률'이란 뜻이다. chance 앞에 숫자가 나오는 게 보통이지만, 단순하게 a slight chance of showers(소나기 올 확률이 약간 있다)라고 쓰기도 한다. thunderstorms는 '천둥, 번개를 동반한 폭우'.

❸ Today's highs will be ~ with lows in ...

여기서 high는 '최고 기온', low는 '최저 기온'을 뜻한다. 기온은 화씨로 표시하는데, 보통 10도 단위로 나눠서 in the 50s(50도 대에), in the 80s(80도 대에)와 같이 표현한다. 최고 기온과 최저 기온은 a high of 84(최고 기온 84도), a low of 65(최저 기온 65)와 같이 표현하기도 한다.

Chapter 2
초대 & 소개

04 초대하기
Can you come over for dinner this Friday?

05 소개하기
I'd like you to meet my colleague, Rick Jones.

06 헤어질 때
I'd better be going.

04 초대하기

Can you come over for dinner this Friday?

이번 금요일에 저녁 드시러 오시겠어요?

영어를 빨리 배우고 제대로 활용하기 위해서는 외국인과 어울릴 수 있는 기회를 자주 갖는 것이 좋다. 외국인들과 어울리다 보면 파티나 다른 사교모임에 초대를 받을 수 있다. 사교성이 뛰어난 사람이 영어도 훨씬 쉽게 배운다는 것을 명심하고 이런 모임의 기회를 적극 이용해 보자.

[대표표현]

이번 금요일에 저녁 드시러 오시겠어요?
Can you come over for dinner this Friday?

좋아요, 가겠습니다. **Yes, I'd love to.**

가고 싶지만, 못 갈 것 같습니다. **I'd like to, but I can't.**

Step 1 기본표현 뿌리 내리기

point 1
초대하기

- **invite you to ~**
- **come over for ~**
- **come to ~**

⇨ 초대할 때 쓰는 다양한 영어 표현을 익힌다.

이번 금요일에 저녁식사에 초대하고 싶습니다.

이번 금요일에 저녁 드시러 오시겠어요?

제 생일파티에 오시겠어요?

이번 금요일에 파티를 하려고 하는데요. 올 수 있어요?

point 2
대답하기

- **Yes, I'd love to.**
- **I'd like to, but ~**

⇨ 초대에 응할 때는 물론, 초대를 거절할 때도 일단 감사 표시를 한 후 참석 여부를 말한다.

좋아요, 가겠습니다.

그러죠. 초대해 주셔서 감사합니다.

가고 싶지만, 못 갈 것 같습니다.

고맙지만, 다른 일이 있어서요.

I'd like to invite you to dinner this Friday.

⇨ I'd like to invite you to ~는 '당신을 ~에 초대하고 싶습니다'란 말로, 초대 표현 가운데서도 다소 딱딱한 느낌이 드는 격식적인 표현이다.

Can you come over for dinner this Friday?
I was wondering if you'd come over for dinner this Friday.

⇨ come over for는 '~하러 오다, 들르다'란 뜻으로, for 뒤에 a beer(맥주나 한잔 하러), tea(차나 마시러)와 같은 표현이 자주 온다.

Can you come to my birthday party?

I'm having a party this Friday. Can you come?
I'm giving a party this Friday. Can you make it?

⇨ '파티를 하다'는 have a party, give a party, throw a party를 서로 바꿔 쓸 수 있다. make it은 '(어떤 행사에) 가다, 오다, 참석하다'란 의미이다.

Yes, I'd love to.

⇨ 원래 I'd love to.(그러고 싶다) 뒤에 come이란 동사가 나와야 하지만, 상대 방의 질문에 이미 come이 나와서 대답에선 to만 남기고 생략한다.

Sure. Thanks for inviting me.

I'd like to, but I can't.
That's very kind of you, but I already have other plans.

⇨ '다른 일'은 other things나 other matters라고 말하기 쉬운데, other plans(다른 계획)가 맞는 표현이다.

Step 2 응용표현 가지 뻗기

파티나 모임 언급하기	토요일에 존의 생일파티를 하려고 하는데요.
	다음 주 금요일에 재키의 송별파티를 하려고 하는데요.
	다음 주에 친구 몇 명을 초대해서 식사를 하려고 하는데요.
위의 말에 이어서 참석할 수 있는지 묻기	오실 수 있으세요?
	오시겠어요?
	오실 수 있으면 좋겠는데요.
	…, 오실 수 있으면 좋겠네요.
	…, 시간이 있으면 오시면 좋겠는데요.

I'm having a birthday party for John on Saturday.

I'm throwing a farewell party for Jackie next Friday.

I'm having a few friends over next week.

⇨ 누군가를 파티에 초대할 때 I'd like to invite ~나 Can you come over ~?라고 직접적으로 초대하는 방법도 있지만, 이 표현들처럼 먼저 '파티를 한다'는 말을 한 다음 '올 수 있겠냐?'고 물어보는 방법도 있다. have ~ over는 '~를 초대하다, 놀러오게 하다'로, 뒤에 for dinner(저녁을 먹기 위해서) 등을 붙이기도 한다.

Can you come? / Can you make it?

Would you like to come?

⇨ Would you like to ~?는 '~하시겠어요?'

I hope you can come.

..., and it'd be great if you could come.

..., and I was wondering if you could come.

⇨ I was wondering if you could ~ (당신이 ~하실 수 있을까 해서요) 구문을 쓰면 Can you ~?나 Would you like to ~?와 같은 의문문 형태보다 좀더 세련된 느낌이 든다.

..., and I'd like you to come if you're free.

..., and I'd love you to come if you're free.

⇨ I'd like you to ~와 I'd love you to ~는 둘 다 '당신이 ~했으면 좋겠다'란 뜻으로 의미는 같지만, 후자가 더 친근한 느낌을 준다.

초대에 응할 때	예, 갈게요. 초대해 주셔서 감사합니다.
	예, 좋습니다.
초대에 응하지 못할 때	죄송하지만, 못 갈 것 같습니다.
	고맙지만, 못 갈 것 같습니다.
	가고는 싶은데, 토요일에 다른 일이 있어서요.
	초대해 주셔서 고맙긴 한데요, 토요일에 이미 다른 계획이 있어서요.
	가고는 싶은데, 일을 해야 돼요.
파티에 뭘 가져가면 좋을지 물어볼 때	뭘 가져갈까요?
	제가 뭘 가져가면 좋을까요?
	뭘 가져가면 좋을까요?
파티 내용에 대해 확인할 때	몇 시까지 갈까요?
	옷을 어떻게 입고 가야 하나요?
	가벼운 모임인가요, 공식적인 모임인가요?
	친구를[아이들을] 데려가도 되나요?

응용표현 가지 뻗기 Step 2

Sure, I'll come. Thanks for asking.

Sure, I'd be delighted to.

I'm sorry I can't.

Thanks, but I can't make it.

I'd love to, but I'm doing something else on Saturday.

Thanks for asking, but I already have other plans for Saturday.

I wish I could, but I have to work.

Can I bring anything?

Would you like me to bring anything?

What can I bring?

⇨ 파티에 초대를 받으면, 위와 같이 무엇을 가져가면 좋겠냐고 물어보는 것이 관례이다.

What time should I be there?

What should I wear?

How should I dress?

Is it casual or formal?

Can I bring a friend[my kids]?

Step 3 실전회화 유창해지기

Challenge: 1

A: 토요일에 시간 있어요?[1] 3시에 **집들이를 하는데, 오실 수 있으면 좋겠네요.**

B: 물론, 당연히 가야죠.[2] **제가 뭐 가져갈 건 없을까요?**

A: 맥주나 포도주 정도면 될 것 같네요.

A: Are you free on Saturday? **I'm throwing a housewarming party,** at 3 o'clock. **I hope you can come.**

B: Sure. I wouldn't miss it for the world. **Can I bring anything?**

A: Just some beers or wine.

---

[1] **시간 있어요?** Do you have time?은 콩글리시이다. Are you free?가 정확한 표현.

[2] **당연히 가야죠** '꼭 참석하겠다'는 뜻으로 I wouldn't miss it for the world.(세상을 다 주어도 놓치지 않겠다), I wouldn't miss it for all the money in the world.(세상의 돈을 다 주어도 놓치지 않겠다)와 같은 표현이 있다.

A: **이번 금요일에 파티를 하는데, 올 수 있어요?** 6시쯤에요.

B: 6시요? 좀 늦을 것 같은데, 예, 갈게요.[1] **뭘 가져갈까요?**

A: 그냥 몸만 오면 돼요.[2]

B: 예. 기꺼이 가도록 하겠습니다.[3]

A: **I'm giving a party this Friday. Can you come?** Around six o'clock.

B: Six? I think I'll be a little late, but, sure, count me in. **What can I bring?**

A: Just yourself.

B: All right. I'll be there with bells on.

---

[1] **갈게요** 기본표현에서 익힌대로 I'd love to.라고 하거나 더 캐주얼하게 Count me in.이라고 한다. count me in은 '(당신이 준비하고 있는 참석자 명단에) 나도 끼워 넣어 달라'는 뜻이다.

[2] **그냥 몸만 오면 돼요** Just bring yourself. 또는 Just you., Just yourself. 등의 표현을 쓴다. 또는 Just your appetite.(당신의 식욕만 가지고 오세요)처럼 말해도 된다.

[3] **기꺼이 가도록 하겠습니다** '(어떤 모임에) 가겠습니다'는 영어로 I'll go.가 아니라 I'll come.이라고 하거나, I'll be there.라고 표현한다. '기꺼이'는 with bells on(벨을 달고)이라는 관용표현을 사용해 보자.

Challenge: 3

A: 저희 부부가 이번 금요일에 친구들을 초대해서 저녁을 하려고 하는데, 오실 수 있으면 좋겠네요.

B: 금요일이요? 제 일정표를 좀 보고요.[1] 삼촌을 방문하려고 했는데, 다음 주로 연기하죠 뭐. **예. 가도록 하겠습니다. 옷은 어떻게 입고 가야 하나요?**

A: 아, 그냥 가벼운 모임이에요.[2] 편하실 대로 입고 와도 돼요.

A: **Lisa and I are having a few friends over for dinner this Friday, and it'd be great if you could come.**

B: Friday? Let me check my calendar. I was going to visit my uncle, but I think I can put it off until next week. **Sure. I'd be delighted to. How should I dress?**

A: It's just a casual get-together. So, any way you like.

---

[1] **제 일정표를 좀 보고요** '일정표'는 my calendar 또는 my appointment book이라고 한다. 여기서 '보다'는 check를 쓴다. see, look at 등은 단순하게 '눈으로 보다'란 뜻이므로 적절하지 않다.

[2] **가벼운 모임** meeting은 '공식적인 회의나 만남'을 가리키므로 적절하지 않다. 보통 '친목 모임'은 get-together라고 한다.

파티에 가서도 에티켓이 필요하다

미국 사람들과 어울리다 보면 파티나 저녁식사에 초대 받게 될 때가 있다. 이렇게 파티에 가게 되면 대부분의 우리나라 사람들은 파티에서 다른 손님들과 잘 어울리지 못하고 따로 떨어져 시간을 보내다 오는 경우가 많다. 영어가 불편해서 그러겠지만, 가능하면 대화에 끼어서 상대방이 하는 말을 경청하는 노력은 필요하다. 다음은 파티나 모임에서 지켜야 할 몇 가지 에티켓이니 미리 숙지해 두도록 하자.

1. **When invited, reply within one week.**
   초대를 받은 경우 일주일 내에 참석 여부를 알리도록 한다.

2. **When invited, always ask what you can bring.**
   초대에 응한 경우 무엇을 가져가면 좋겠는지를 항상 물어본다. 이 경우 초대한 사람이 Just bring yourself.(그냥 몸만 오세요)라고 사양할 수도 있지만, 실제로 무엇을 갖고 오라고 부탁하는 경우도 있다. 대부분 와인이나 맥주 등의 술 종류나 콜라, 과일, 과자 같은 가벼운 것을 부탁한다.

3. **Always bring a gift. Never show up empty-handed.**
   항상 선물을 준비하여 빈손으로 가지 않도록 한다. 설령 주인이 몸만 오라고 말했더라도 선물을 가져가는 것이 좋다. 선물로는 paper towel(종이 수건), bathroom towel(욕실 수건)과 같이 어느 집에서나 필요로 하는 생필품이 좋다. 음식은 주인이 부탁한 경우가 아니면 피한다.

4. **Offer to help with the cooking and clean-up.**
   우리나라에서 손님은 가만히 앉아서 대접만 받는 것이 보통이지만, 미국에서는 주인에게 도와주겠다고 자청하는 것이 에티켓이다. 식사 후에 접시를 나르거나 닦는 것, 식탁을 치우는 것, 휴지통을 비우는 일 등을 도와주면 좋다.

5. Don't stand on ceremony. Mingle with the other guests.

stand on ceremony는 마치 어떤 식장에 참석한 것처럼 '한 곳에 뻣뻣하게 서서 다른 사람과 잘 어울리지 못하다', mingle with는 '~와 섞여서 어울리다'란 뜻이다. 앞서도 지적했듯이 외국인 파티에 초대받아 간 경우 우리나라 사람들이 이런 모습을 자주 보이는데, 어쨌든 '꾸어다 놓은 보릿자루' 같이 보이는 일은 삼가야 한다.

6. Don't bring additional guests unless okayed by the host.

주인에게 미리 양해를 구한 경우가 아니면 다른 사람을 데리고 가지 않는 것이 에티켓이다. 초대를 받았을 때 사전에 Can I bring my children?(제 아이들을 데려가도 됩니까?)과 같이 물어 양해를 구하도록 한다.

7. Bring your own towels and toiletries.

때로는 수영장 옆에서 파티를 하는 경우(poolside party라고 함)도 있는데, 만약 수영장에 들어갈 생각이라면 자신의 수건을 미리 준비해 가는 것이 좋다. 초대 받은 집에서 잠을 자게 되는 경우에도 수건이나 비누, 칫솔, 치약(집합적으로 toiletries라고 함) 등은 가지고 간다.

8. Follow up with a thank-you note.

파티가 끝난 후 24시간 안에 '감사의 편지'를 보내는 것이 좋다.

05 소개하기

I'd like you to meet my colleague, Rick Jones.

제 동료 릭 존스를 소개합니다.

미국 사람들은 매우 사교적이다. 낯선 사람들끼리 한자리에 모였을 때도 자청해서 인사를 나누고 대화를 갖는다. 또한 자신과 동행한 사람이 있으면 꼭 서로에게 소개를 시켜 준다. 영어를 배우는 이상 외국인들이 있는 자리에서 함께 어울리고 인사를 나누는 능력을 키우는 것은 매우 중요하다. 이 Unit에서는 상대방에게 자신이나 다른 사람을 소개하는 표현을 익혀 보자.

[대표표현]

제 소개를 하겠습니다.
Let me introduce myself.
I'd like to introduce myself.

제 동료 릭 존스를 소개합니다.
Let me introduce my colleague, Rick Jones.
I'd like you to meet my colleague, Rick Jones.

Step 1 기본표현 뿌리 내리기

point 1
자기 소개하기

- **introduce myself**

⇨ Let me ~, I'd like to ~, Allow me to ~, May I ~? 등의 표현을 써서 공손하게 표현한다.

제 소개를 하겠습니다.

아직 인사를 못 나눈 것 같은데, 제 이름은 스티브 김입니다.

point 2
다른 사람 소개하기

- **introduce**
- **meet**

⇨ 소개할 때는 기본적으로 introduce를 쓰지만, meet도 자주 쓴다.

제 동료 릭 존스를 소개합니다.

제 동료 릭 존스와 인사 나누셨어요?

Let me introduce myself.

I'd like to introduce myself.

Allow me to introduce myself.

May I introduce myself?

> ⇨ introduce는 '~를 소개하다', Let me ~는 '제가 ~하겠습니다', Allow me to ~(제가 ~하게 허락해 주십시오)는 Let me ~와 같지만 훨씬 격식을 갖춘 표현이다. May I ~?는 '제가 ~해도 되겠습니까?'로 상대방의 허락을 구하는 표현이다.

I don't think we've met. My name is Steve Kim.

This is my colleague, Rick Jones.

Let me introduce my colleague, Rick Jones.

May I introduce my colleague, Rick Jones?

I'd like you to meet my colleague, Rick Jones.

> ⇨ I'd like you to meet ~(나는 당신이 ~를 만나기를 원합니다)는 바로 옆에 있는 사람을 소개하는 말도 되지만, 어떤 사람에게 데려가 그 사람을 소개시켜 주겠다는 말도 된다.

Have you met my colleague, Rick Jones?

> ⇨ 여기서 meet는 단순하게 '만나다'가 아니라, '(처음으로 만나) 정식으로 인사를 나누다'란 뜻이다.

05 _ 소개하기

Step 2 응용표현 가지 뻗기

만나서 반갑다고 할 때	안녕하세요.
	만나서 반갑습니다.
	저도 만나서 반갑습니다.
	오히려 제가 더 기쁜 걸요.
	저도 마찬가지입니다.
상대방에 대한 얘기를 많이 들었다고 할 때	빌에게 말씀 많이 들었습니다.
	존이 당신에 대해 칭찬을 많이 하더군요.

How do you do? ⇨ 처음 소개 받은 사람들끼리 주고받는 인사말.

Nice to meet you. / Pleased to meet you.
It's a pleasure to meet you.
I'm pleased to make your acquaintance.

⇨ make someone's acquaintance는 '~를 알게 되다'의 의미로 격식을 갖춘 표현.

Nice to meet you, too. / Pleased to meet you, too.

⇨ 상대방의 인사에 too만 붙여 준다.

The pleasure's all mine.

⇨ Pleased to meet you.나 It's a pleasure to meet you.에 대한 대답표현.

Likewise. / Same here.

⇨ 상대방의 인사에 대하여 같은 인사를 할 때 전체 말을 반복할 필요 없이 이런 표현을 쓰면 간단하다.

I've heard a lot about you from Bill.
Bill has told me a great deal about you.

⇨ 상대방이 이렇게 말하면 의례적으로 (Only) Good things I hope.(좋은 얘기만 들었기를 바랍니다)라고 대답한다.

John has told me a lot of wonderful things about you.

Step 3 실전회화 유창해지기

Challenge: 1

A: **제 소개를 드리겠습니다.** 저는 퍼시픽 보험에 근무하는[1] 바바라 프레이지어라고 합니다.

B: **만나서 반갑습니다, 프레이지어 씨.** 저는 영앤드애덤스 사의 월터 힐입니다.

A: **저도 반갑습니다, 힐 씨.**

A: **Please allow me to introduce myself.** I'm Barbara Frasier with Pacific Insurance.

B: **Nice to meet you, Ms. Frasier.** I'm Walter Hill, Young & Adams.

A: **Nice to meet you, too, Mr. Hill.**

---

[1] **~에 근무하다** '~에 근무하다, 다니다'는 I work for ~ 라고 하거나 I'm with ~, I'm from ~ 등의 표현을 쓴다. 그런데 위에서처럼 이름 뒤에 직장명을 붙일 경우엔 전치사 with나 from을 쓰면 된다.

A: 린다, 이쪽은 내 친구 켈리야. 고등학교 동창이지.[1] 켈리, 이쪽은 린다야.
B: 만나서 반가워요, 린다. 제이슨에게서 얘기 많이 들었어요.
C: 좋은 이야기만 들었길 바래요.
B: 물론이죠.

A: **Lynda, I'd like you to meet my friend, Kelly.** Kelly and I went to high school together. **Kelly, this is Lynda.**
B: **Nice to meet you, Lynda. Jason has told me a lot about you.**
C: **Only good things, I hope.**
B: Of course.

[1] **고등학교 동창이다** '동창'이란 뜻의 alumnus(남자), alumna(여자)라는 단어가 있지만, 보통 대화에서는 went to ~ school together(~ 학교를 같이 다녔다)라고 표현한다.

몰라도 되는 한국인, 알아야 되는 미국인

상대방을 소개할 때 우리나라 사람들이 자주 범하는 실수는 옆에 있는 사람을 상대에게 소개하지 않는 것이다. 가령, 우리는 친구와 길을 가다 자신이 아는 사람을 만나면 대부분 친구를 소개하지 않는다. '두 사람이 굳이 알아야 할 이유가 없으니까'라는 우리의 사고방식 때문이다.

그러나 미국인들은 그런 경우에도 같이 있는 사람을 소개한다. 따라서 미국인과 동행하다가 아는 사람을 만나면 반드시 그 미국인을 소개하는 것을 잊지 말도록 하자. 그밖에 누군가를 소개하거나 소개 받을 때 알아두면 좋을 에티켓을 소개한다.

1. 소개를 받을 때에는 반드시 자리에서 일어난다.

2. 남성들 끼리 소개를 받으면 악수를 한다. 그러나 남녀 간에는 여성이 먼저 청할 경우에만 악수를 한다.

3. 소개를 받으면 Nice to meet you, Mr. Anderson.처럼 상대방의 이름을 부르면서 인사를 나눈다. 그렇게 하면 상대방의 이름을 외우는 데도 도움이 된다.

4. 원칙적으로 나이나 지위상 아랫사람을 윗사람에게 먼저 소개한다. 또한 남성을 여성에게 먼저 소개한다.

5. 상대방의 이름을 잊어버렸거나 놓친 경우는 I'm sorry I didn't catch your name.(죄송하지만, 이름을 제대로 듣지 못했습니다)과 같은 표현을 쓰도록 한다.

06 헤어질 때

I'd better be going.

이만 가 봐야겠습니다.

헤어질 때는 I have to go.(이만 가 봐야겠어요)와 같은 말로 대화를 끝내고 작별인사를 하겠다는 의사 표시를 한 후에, Bye.와 같은 작별인사를 하는 게 순서이다. 그 외에 '만나서 반가웠습니다', '아주 즐거운 시간이었습니다'와 같은 말도 곁들이는 경우가 많다. 이번 Unit에서는 이와 같은 상황에서 사용되는 표현들을 익혀 보자.

[대표표현]

이만 가 봐야겠습니다.	**I must go now.** **I'd better be going.**
안녕히 가세요!	**Take care!** **Take it easy!**

Step 1 기본표현 뿌리 내리기

point 1
자리를 뜨고자 할 때

- must ~
- have to ~
- have got to ~
- had better ~

⇨ ~ 자리에 '가다, 떠나다'란 뜻의 go, run, be going, get going 등을 넣는다.

이만 가 봐야겠습니다.

---

point 2
작별인사를 할 때

- '안녕히 가세요!'의 다양한 표현

⇨ 한두 단어로 된 간단한 인사 표현이니, 여러 번 사용하여 익숙해지도록 하자.

안녕히 가세요!

I must go now.

I have to go.

I've got to go.

I gotta go.

I gotta run.

I'd better be going.

> ⇨ '~해야겠다'는 must, have to, have got to를 쓰거나, '~하는 편이 좋겠다'란 뜻의 had better를 써서 표현한다. 여기서 have to, have got to는 '~해야 한다'의 의미로, 구어에서는 gotta라고 줄여서 발음하기도 한다.

Take care!

> ⇨ 직역은 '조심하라, 주의하라'이지만, 여기서는 단순한 인사말로 쓰인다.

Take it easy!

> ⇨ '천천히 하라, 진정하라'란 뜻으로 쓰이기도 하지만, 단순한 인사말로도 쓰인다.

Take care of yourself!

> ⇨ '직역은 '자신을 돌보라'이지만, 잘 지내라는 인사말.

So long!

> ⇨ '나중에 보자'라는 약간 옛날 느낌이 나는 인사말.

Ciao!

> ⇨ 이탈리아어에서 온 인사말로 허물없는 사이에서 주고받는 표현. [tʃau]라고 발음한다.

Step 2 응용표현 가지 뻗기

자리를 뜨고자 할 때	이만 가 봐야겠습니다.
만나서 반가웠다고 할 때	만나서 반가웠습니다. 말씀 나눠서 반가웠습니다. 함께 시간을 보내서 즐거웠습니다. --- 다시 만나서 반가웠습니다.
작별인사를 할 때	나중에 봐요. 또 봐요. 내일 봐요. 일요일에 봐요. 이따 봐요.

I have to say goodbye now.
I should get going.
I must be on my way.
I'm afraid I have to leave now.

⇨ say goodbye (to ~)는 '(~에게) 작별인사를 하다', get going은 '가다, 출발하다'란 뜻이다. on one's way는 '가는 도중에'로, I must be on my way.를 직역하면 '나는 가는 도중이어야 한다'가 된다.

It was nice meeting you.

It was nice talking to you.

I've enjoyed your company.

⇨ 여기서 company는 '회사'가 아니라 '같이 있어 줌, 동행'의 의미.

It was nice seeing you again.

⇨ 아는 사람을 다시 만났을 때는 meet가 아니라 see를 쓴다.

See you later.

See you again.

See you tomorrow.

See you Sunday.

I'll catch you later.   ⇨ 같은 날 다시 만날 상황에서 쓰는 작별인사.

연락을 달라고 할 때	잊지 말고 편지 주세요.
	연락 좀 주세요.
	수시로 연락을 주십시오.
	연락하고 지냅시다.
	보스턴에 오실 일 있으면 연락 주십시오.
안부를 전해 달라고 할 때	당신 부모님께 안부 전해 주세요.
	그 사람에게 안부 전해 주세요.
안부를 전할 때	그가 안부를 전해 달라고 했습니다.

응용표현 가지 뻗기 Step 2

Don't forget to write.

Drop me a line.

Keep me posted.

(Let's) Keep in touch. / Let's stay in contact.

⇨ drop ~ a line은 '~에게 편지로 연락하다'. keep ~ posted라고 하면 '~에게 상황이 어떻게 돌아가는지 계속 연락하다'란 뜻이다.

Please look me up if you ever come to Boston.

Please give me a call if you're ever in Boston.

Please give my best to your parents.

Say hello to your parents for me.

⇨ say hello는 '인사하다', my best는 '안부인사'란 뜻으로, my best regards나 my best wishes를 줄인 표현이다.

Give my love to him. / Tell him I said hello.

Please say hello (to him) for me.

⇨ Give my love to ~는 마치 간접적인 애정고백처럼 들리지만, 실은 절친한 느낌을 주는 단순한 안부인사이다.

He sends his best (to you).

He asked me to say hello to you for him.

⇨ '안부를 전해 달라'는 말에 give, tell이란 동사가 쓰였으므로, 그것을 전할 때에는 send, ask 동사를 쓴다.

Step 3 실전회화 유창해지기

Challenge: 1

A: 저, **이만 가 봐야겠어요.** 너무 오래 폐를 끼친 것 같네요.[1]

B: 천만에요. 저희 집에 오시는 것은 언제나 환영입니다. 이 근처에 오실 일이 있으면 언제든지 들러 주세요.

A: 그러겠습니다. 차와 케이크 감사합니다.

B: 천만에요. 문까지 바래다 드리겠습니다.[2]

A: Well, **I must go now.** I'm afraid I've overstayed my welcome.

B: Not at all. You're always welcome in my house. Drop by anytime you're in this neighborhood.

A: All right. Thank you for the tea and cake.

B: You're welcome. Let me walk you to the door.

---

[1] **너무 오래 폐를 끼치다** overstay one's welcome(자신이 환영 받은 것 이상으로 머물다)이란 표현이 적당하다. 또는 wear out one's welcome(자신의 환영을 다 닳아 없어지게 하다)이란 표현을 사용해서 I don't want to wear out my welcome.이라고 해도 비슷한 말이 된다.

[2] **문까지 바래다 드리겠습니다** '~와 …까지 걸어가 주다'란 뜻의 walk ~ to ... 구문을 사용한다. 이 밖에 '~를 집 밖으로 배웅하다'는 see ~ out을 쓸 수 있는데, 가령 I'll *see* you *out*.이라고 하면 '밖까지 배웅해 드리겠습니다'가 된다. 그리고 I'll *see* myself *out*.은 '알아서 갈 테니 나오지 마세요'란 뜻이다.

A: 제가 탈 버스가 오네요. **다시 만나서 반가웠어요, 제이크.**
B: 저도요. 어머니가 곧 건강을 회복하시길 빌게요.[1] **안녕히 가세요!**
A: 고마워요. 취직이 잘 되길 바래요.[2] **안녕히 가세요!**

A: Here comes my bus. **It was nice seeing you again, Jake.**

B: Same here. I hope your mother will get well soon. **Take care!**

A: Thanks. Good luck with your job search. **Bye, bye!**

---

[1] **(병에서) 건강을 회복하다** get well(낫다)이 가장 일반적인 표현. 우리말대로 recover one's health라고 해도 되지만 좀 딱딱한 느낌이 있다.

[2] **취직이 잘 되길 바래요** 위 대화에서는 (I wish you) Good luck with ~(~에 행운이 있기를 바란다)라는 표현을 썼지만, '잘 되다'란 뜻의 go well을 써서 I hope your job search *goes well*.이라고 할 수도 있다.

Challenge: 3

A: 다시 비가 오네요. 빗줄기가 더 굵어지기[1] 전에 **이만 가 봐야겠어요.**

B: 그래요. 일이 어떻게 되어 가는지[2] **자주 연락을 주세요.**

A: 그럴게요. 저녁식사 고마워요. 아주 맛있었어요.

B: 와 줘서 고마워요. 운전 조심하고, **안녕히 가세요.**

A: It's raining again. **I guess I'd better get going** before it starts raining harder.

B: All right. **Keep me posted** on how things work out for you.

A: I will. Thank you for the dinner. It was wonderful.

B: Thank you for coming. Drive carefully. **Bye.**

---

1 **빗줄기가 더 굵어지다** '빗줄기가 더 굵어지다'는 '비가 오다'는 뜻의 it rains에 '더 심하게, 세게'란 뜻의 harder를 붙여서 it rains harder라고 하면 된다.

2 **일이 어떻게 되어 가는지** '일'은 일반적인 상황을 뜻하는 things로 표현하고, '되어 가다'는 go나 work out을 써서 how things go with you 또는 how things work out for you라고 한다.

실전회화 유창해지기 **Step 3**

Challenge: **4**

A: 저, **이만 가 봐야겠어요. 만나서 반가웠어요. 혹시 보스턴에 오실 일 있으면 연락 주십시오.**[1] 제가 시내 구경 시켜 드릴게요.[2]

B: 그러죠. 감사합니다.

A: Well, **I'd better get going. It was nice meeting you. Please look me up if you ever come to Boston.** I'll show you around the city.

B: I will. Thank you.

[1] **연락 주십시오** Please contact me if ~라고 할 수도 있지만, 이는 너무 사무적인 느낌이 난다. 여기서 '연락하라'라는 말은 '연락해서 만나자'는 뜻이므로 look me up(저를 찾아 주세요)이란 표현이 적당하다.

[2] **~에게 ··· 구경을 시켜 주다** show ~ around ... 구문을 쓴다. 가령, '공장 구경을 시켜 드리죠'는 I'll *show* you *around* the plant.가 된다.

Review Units 04~06

1. 다음 우리말 대화를 영어로 말해 보세요.

(1) A: 금요일 저녁식사에 초대하고 싶은데요, 오실 수 있으세요?
B: 예. 몇 시요?

(2) A: 뭐 가지고 갈 것 없나요?
B: 그냥 몸만 오세요.

(3) A: 제 소개를 하겠습니다. 저는 폴 테일러입니다.
B: 만나서 반갑습니다, 테일러 씨.

(4) A: 이만 가 봐야겠습니다. 만나서 반가웠습니다.
B: 저도 만나서 반가웠습니다.

(5) A: 가족들에게 안부 전해 주십시오.
B: 그러죠. 당신 부모님께도 안부 전해 주세요.

2. 다음 문장 중 틀린 부분을 고쳐 보세요.

(1) I'm doing a birthday party for Steve.

(2) Can you come for dinner tomorrow?

(3) I'd like you to see my friend, Heather Brown.

(4) I'm nice to meet you.

Answers

1. **(1) A:** I'd like to invite you to dinner Friday. Can you make it? **B:** Sure. What time?
(2) A: What can I bring? **B:** Just yourself.
(3) A: May I introduce myself? I'm Paul Taylor. **B:** Pleased to meet you, Mr. Taylor.
(4) A: I'd better get going. It was nice meeting you. **B:** It was nice meeting you, too.
(5) A: Please give my best to your family. **B:** I will. Please say hello to your parents for me, too.

(5) Take care of you.

(6) He gives his best wishes to you.

3. 우리말에 맞게 영어 문장의 빈칸을 완성해 보세요.

(1) 가고는 싶은데, 못 갈 것 같습니다.
   I _____, but I _____.

(2) 초대는 고마운데요, 다른 일이 있어서 못 갈 것 같네요.
   Thanks for _____, but _____.

(3) 톰에게 말씀 많이 들었습니다.
   Tom _____.

(4) 아직 인사를 못 나눈 것 같은데, 제 이름은 마크 브라운입니다.
   I don't _____. My name is Mark Brown.

(5) 말씀을 나눌 수 있어서 즐거웠습니다.
   I _____ you.

(6) 자주 연락하고 지냅시다.
   Let's _____.

Answers

2. (1) doing ↓ having 또는 giving 또는 throwing (2) come ↓ come over (3) see ↓ meet (4) I'm ↓ It's (5) you ↓ yourself (6) gives ↓ sends
3. (1) 'd like to, can't (2) asking, I already have other plans (3) has told me a lot about you (4) think we've met (5) 've enjoyed talking to (6) keep in touch 또는 stay in contact

미국인들은 파티 애니멀!

'파티를 좋아하는 사람'을 영어로 party person이라고 하는데, 좋아하다 못해 '파티라면 사족을 못 쓰는 사람'을 경멸적으로 party animal(파티 동물)이라고 말한다. 그런데 이 말은 때에 따라서 미국인 전체를 비하하는 말로도 쓰인다. 그만큼 미국인들이 파티를 많이 한다는 말이다.

일상적인 파티

birthday party 생일을 기념하여 매년 열리는 파티
dinner party 금요일이나 토요일 저녁에 모여서 식사를 같이 하는 파티
backyard party 뒷마당에서 바비큐를 구우면서 하는 파티
cocktail party 선 채로 어울려 간단한 식사와 음료를 즐기는 파티
potluck (party) 한 가지씩 음식을 가지고 와서 나눠 먹는 파티

특별한 목적의 파티

farewell party 송별 파티(going-away party라고도 함)
homecoming party 다시 돌아온 사람을 환영하는 파티
stag party 예비신랑을 위해 친구들이 열어 주는 총각파티
hen party 여자들끼리만 모이는 파티
end-of-semester party 우리나라의 '종업식'에 해당하는 파티
housewarming (party) 새로 이사한 기념으로 친구들을 초대하는 파티
sweet sixteen 16세 생일파티
  * 미국에서 16세는 부모 동의 하에 운전면허증을 딸 수 있는 나이이기 때문

Chapter 3
취미 & 연애

07 취미
What are your hobbies?

08 TV, 라디오, 영화
What's on TV tonight?

09 경기 관람
It's five to two.

10 이성 교제
Are you seeing someone now?

11 화장과 패션
I don't wear a lot of makeup.

07 취미

What are your hobbies?

취미가 뭐예요?

개인의 취미나 음악, 영화 같은 것에 대한 기호는 대화에서 가장 흔히 등장하는 주제 중 하나이다. 따라서 취미를 물어보고 좋아하는 것과 싫어하는 것 등을 표현하는 법을 익혀두면, 외국인과 만나서 즐겁게 대화를 나눌 때 큰 도움이 될 것이다.

[대표표현]

취미가 뭐예요?
What are your hobbies?
What are your interests?

제 취미는 수영과 춤입니다.
My hobbies are swimming and dancing.

제 취미는 영화와 요리입니다.
My interests are movies and cooking.

Step 1 기본표현 뿌리 내리기

point 1
취미를 묻고 답하기

- **hobby**
- **interest**
- **pastime**

⇨ hobby, interest, pastime은 '취미'를 나타내는 동의어 정도로 생각하면 된다.

취미가 뭐예요?

가장 즐겨 하는 여가활동은 무엇입니까?

여가시간에 뭐 하세요?

취미로 무엇을 하십니까?

제 취미는 수영과 춤입니다.

제 취미는 영화와 요리입니다.

시간이 날 때면 사람들 구경하는 것을 가장 좋아합니다.

point 2
상대방의 기호를 묻고 답하기

- **favorite**
- **I like ~**

⇨ favorite은 '가장 좋아하는 것'이므로, I like~ 구문을 써서 한 가지로 답하는 게 보통이다.

가장 좋아하는 영화는 무엇입니까?

가장 좋아하는 작가는 누구입니까?

'대부'를 좋아합니다.

존 그리샴을 가장 좋아합니다.

What are your hobbies?

What are your interests?

What's your favorite pastime?

> ⇨ 취미는 보통 한 가지 이상이므로, hobbies, interests처럼 복수형으로 쓴다. favorite은 '가장 좋아하는'의 의미.

What do you do in your spare time?

What do you like to do for fun?

> ⇨ for fun은 '재미로, 취미로'.

My hobbies are swimming and dancing.

My interests are movies and cooking.

People-watching is my favorite pastime.

What's your favorite movie?

Who's your favorite author?

I like *The God Father*.

I like John Grisham the most.

> ⇨ '~을 가장 좋아하다'는 I like ~ the most. 구문을 써서 표현한다.

Step 2 응용표현 가지 뻗기

~하는 것을 좋아한다고 표현할 때	기타 치는 것을 좋아합니다. 요리하는 것을 좋아합니다. 컴퓨터 게임을 매우 좋아합니다. 윈드서핑에 푹 빠져 있습니다. 저는 재즈광입니다.
~은 좋아하지 않는다고 할 때	민속 음악은 그다지 좋아하지 않습니다. 헤비메탈 음악은 별로 좋아하지 않습니다. 산악자전거는 제 취향이 아닙니다. 그 영화는 제 취향이 아닙니다.
~은 못한다고 할 때	요리는 못합니다. 요리는 전혀 못합니다.

I like playing the guitar. / I like to play the guitar.
I love cooking.
⇨ I like -ing, I like to ~, I love -ing 모두 '~하는 것을 좋아하다'는 의미.

I'm a big fan of computer games.
I'm into wind-surfing.
I'm a jazz maniac.
⇨ be a big fan of의 뜻은 '~을 매우 좋아하다'이고, be into는 '~에 관심이 있다, ~에 빠져 있다'란 뜻이다. maniac은 '광, 애호가'란 뜻으로, a golf maniac(골프광), a sports maniac(스포츠광), a video maniac(비디오광)처럼 쓰인다.

I don't care much for folk music.
⇨ care for는 '~을 좋아하다'.

I'm not a big fan of heavy-metal music.
⇨ 앞에 나온 be a big fan of의 부정표현.

MTB isn't up my alley.
The movie isn't my cup of tea.
⇨ be not up someone's alley(~의 길 위에 없다), be not someone's cup of tea(~의 차가 아니다)는 '~은 별로 잘하는 것이 아니다, 좋아하는 것이 아니다'라는 뜻의 속어표현이다.

I'm not good at cooking.
I'm far from being good at cooking.
⇨ be good at은 '~을 잘하다', be far from은 '~과는 거리가 멀다'로 강한 부정의 표현이다.

Step 3 실전회화 유창해지기

Challenge: 1

A: 취미가 무엇입니까?

B: **이야기 쓰는 것을 좋아합니다.** 아직 출판한 것은 없지만,[1] 언젠가는 하고 싶습니다. 당신은 어때요? **취미로 무엇을 하시죠?**

A: 안 믿기시겠지만,[2] **저는 청소하는 것을 좋아합니다.** 가족을 위해서 요리하고 집을 꾸미는 것도 좋아하고요.

A: **What are your hobbies?**

B: **I like writing stories.** I haven't published anything, yet, but I hope to someday. What about you? **What do you like to do for fun?**

A: Believe it or not, **I like cleaning.** I also like to cook for my family and decorate our place.

---

[1] **아직 출판한 것이 없다** 과거부터 지금까지 그렇다는 말이므로, 현재완료시제를 쓴다. '출판하다'는 publish 란 동사를 쓴다.

[2] **안 믿기시겠지만** Believe it or not(믿거나 말거나) 이라는 표현을 기억해 두자.

A: 연기를 하지 않는 **여가시간에 무엇을 하십니까?**

B: 롤러 블레이드를 타거나,[1] 친구들과 어울리거나,[2] 인터넷에서 채팅을 하죠. 그때그때 기분 내키는 것을 합니다.[3]

A: 연기는 어떻게 시작하셨습니까?[4]

B: 그냥 우연히[5] 시작했습니다.

A: **What do you do in your spare time** when you're not acting?

B: I roller-blade, hang out with friends, chat on the Internet—I just do whatever I feel like doing at the moment.

A: How did you get into acting?

B: It was by pure chance.

---

1 **롤러 블레이드를 타다** '스키를 타다'를 ski라고 하듯이 '롤러 블레이드 타다'도 한 단어로 roller-blade라고 한다.

2 **친구들과 어울리다** meet my friends라고 해도 되지만, 보통 '(~와) 시간을 보내다'라는 뜻의 hang out (with ~)을 많이 쓴다.

3 **기분 내키는 것을 하다** '기분 내키다'는 '~을 하고 싶은 기분이다'란 뜻이므로, feel like -ing 구문을 쓰면 된다.

4 **~은 어떻게 시작했습니까?** '시작하다'란 뜻의 start를 써도 뜻은 통하지만, '~에 발을 들여놓다'란 뜻의 get into ~를 쓰는 것이 더 영어스러운 표현이다.

5 **그냥 우연히** '우연히'는 by chance라고 하는데, 앞에 pure를 붙여 by pure chance라고 하면 말 그대로 '순전히 우연하게'.

Challenge: 3

A: 선생님께선 **재즈 음악을 매우 좋아하신다**고 알고 있습니다.[1] 가장 좋아하는 재즈 음악가는 누구입니까?

B: 수잔 바셋을 좋아합니다. 그녀는 천상의 목소리를 갖고 있죠.[2]

A: 티나 캐시디는 어떠세요? 요즘 한창 잘 나가는 재즈 가수인데요.[3]

B: 캐시디는 훌륭한 음악가이지만, **그녀의 음악 스타일은 제 취향이 아닙니다.**

A: I understand **you're a big fan of jazz music. Who's your favorite jazz musician?**

B: I like Susan Bassett. She's got a voice that is out of this world.

A: How about Tina Cassidy? She's a big-time jazz singer these days.

B: She's a great musician, but **her style of music isn't up my alley.**

---

[1] **~라고 알고 있다** I know (that) ~는 '~라고 분명히 알고 있다'는 뜻으로 너무 단정적인 어조라서 부자연스럽고, I understand (that) ~(~라고 이해하고 있다)가 적당하다.

[2] **천상의 목소리를 갖고 있다** 위 대화에서처럼 out of this world(이 세상 밖의 것인 → 매우 뛰어난)를 써서 표현해도 좋고, 그냥 wonderful을 써서 She has a *wonderful* voice.라고 해도 된다.

[3] **잘 나가는 가수** 다른 말로 하면 '인기가 많다'는 뜻이므로 popular(인기 있는)를 써서 표현해도 되고, '중요한, 유명한, 일류의'란 뜻의 구어표현인 big-time을 사용해도 좋다.

실전회화 유창해지기 Step 3

Challenge: 4

A: 어떤 영화를 좋아하십니까?
B: **모든 영화를 다 좋아합니다.** 그렇지만 한 가지 장르를 꼽으라면, 로맨틱 코미디입니다.[1]
A: **그러면** 지금까지 본 영화 중 **가장 좋아하는 영화는 무엇입니까?**
B: 당장 생각나는 대로 말하자면,[2] '스위트 홈 앨라배마'라고 할 수 있겠지요.[3] 각본도 뛰어나고 연기도 훌륭하지요.[4]

A: What movies do you like to watch?
B: **I like all kinds of movies.** But if I had to choose one genre, it'd be romantic comedies.
A: **What's your** all-time **favorite movie, then?**
B: Right off the bat, I'd say *Sweet Home Alabama*. It was well-written and well-acted.

1 **한 가지 장르를 꼽으라면 ~입니다** 앞에서 If I had to ~(내가 ~해야 한다면)라고 가정법 과거형을 썼기 때문에, 뒤에도 it'd ~와 같이 과거형을 써야 한다.

2 **당장 생각나는 대로 말하자면** right off the bat(배트에서 바로 떨어져 나온)란 관용표현을 알아두자. off the bat는 야구 방망이에 맞은 공이 튀는 것처럼 '순간적으로 생각해서 말하다'는 뜻이다.

3 **~라고 할 수 있죠** 단정적인 느낌을 피해 유보적으로 표현할 때, 영어에선 would를 붙여서 I'd say ~라고 한다.

4 **각본도 뛰어나고 연기도 훌륭하다** 영화를 주어로 해서 well-written(잘 쓰인), well-acted(잘 연기된)와 같은 수동형 형용사를 쓰면 간단하다.

미국의 영화 등급

미국의 영화 등급은 욕(profanity), 폭력(violence), 성적인 장면(sexual scene), 신체 노출(nudity), 마약 사용(drug use) 등의 내용 수위에 따라 다음과 같이 구분된다. 각 영화 등급을 The movie is rated ____.(그 영화는 ____ 등급입니다)란 문장에 넣어 연습해 보자.

G   General Audience(일반 관객)의 약자로, 아동들도 볼 수 있는 영화. 디즈니 만화 영화가 대표적인 예이다.

PG   Parental Guidance(부모의 지도)의 약자로, 아동이 볼 수 있지만 부모가 미리 검토하도록 권장되는 영화이다. 약간의 profanity, violence, nudity가 포함될 수 있지만 drug use에 관한 장면은 없다.

PG-13   13세 이하의 아이들(preteens)에게 부적절한 profanity, violence, nudity, drug use 장면이 포함될 수 있다.

R   Restricted(제한된)의 약자로, 17세 이하의 청소년에게 부적합한 내용이 포함될 수 있다. 부모와 함께 갈 경우라면 입장이 허용되지만 청소년의 관람을 권장하지 않는다.

NC-17   No Children under 17(17세 이하 관람 불가)의 약자로, 극단적으로 폭력적이거나 성적인 장면이 나오는 영화이다.

08 TV, 라디오, 영화

What's on TV tonight?

오늘 밤 TV에서 뭐 하죠?

특별한 취미가 없는 사람이라면, 주말이나 여가시간에 TV를 보거나, 라디오를 듣거나, 아니면 영화를 보면서 시간을 때우는 것이 보통이다. 따라서 주말을 집에서 보낸 경우 다음 월요일에 사람들을 만나면 TV나 영화에 관한 얘기를 자주 대화의 화제로 삼기 마련이다.

[대표표현]

오늘 밤 TV에서 뭐 하죠?	**What's on TV tonight?**
7번 채널에서 뭐 해요?	**What's on Channel 7?**

오늘 밤 TV에서 '벅스 라이프' 한대요.	***A Bug's Life* is on TV tonight.**
오늘은 별로 볼 게 없네요.	**There's nothing much on TV today.**

Step 1 기본표현 뿌리 내리기

point 1
TV를 볼 때

- **방송을 나타내는 전치사 on**

⇨ 'TV에서'라고 할 때는 전치사 on을 쓴다.

오늘 밤 TV에서 뭐 하죠?

7번 채널에서 뭐 해요?

SBS에서 뭐 해요?

오늘 밤 TV에서 '벅스 라이프' 한대요.

오늘은 별로 볼 게 없네요.

10분 있으면 SBS에서 야구 경기를 합니다.

---

point 2
프로그램에 대해 말하기

- **rerun**
- **live**
- **recorded**

⇨ 재방송, 생방송, 녹화방송을 영어로 표현해 본다.

그거 재방송입니다.

그거 생방송이에요?

녹화방송입니다.

What's on TV tonight?

What's on Channel 7?

What's on SBS?

> 'TV에서'는 전치사 on을 써서 on TV라고 한다. TV 대신에 구체적으로 on Channel 7처럼 채널 번호를 넣거나, SBS, ESPN처럼 방송국 이름을 넣어 표현할 수도 있다.

A Bug's Life is on TV tonight.

There's nothing much on TV today.

A baseball game's on SBS in ten minutes.

It's a rerun.

> rerun은 '상영되다, 방영되다'란 뜻의 run에 '다시'를 뜻하는 접두사 re-가 붙은 것이다.

Is it live?

> live는 '생방송의, 실황인'의 뜻.

It's recorded.

> record는 '녹화하다'.

Step 2 응용표현 가지 뻗기

TV를 볼 때	TV 볼래요? 어떤 TV 프로그램을 좋아하세요? --- 리모컨 어디 있나요? 채널 좀 그만 바꾸시겠어요?
라디오를 들을 때	음악 들을래요? 이건 무슨 방송인가요? --- 소리를 조금만 줄여 주시겠어요?
영화를 보러 갈 때	영화 보러 갑시다. --- 어떤 영화를 좋아하세요? 어떤 영화를 상영하는데요? 다음 상영시간은 어떻게 되나요? 마지막 회는 몇 시죠?

Would you like to watch TV?
What's your favorite TV show?

⇨ show는 talk show(대담 프로), quiz show(퀴즈 프로)처럼 'TV 프로그램'을 일컫는 표현이다.

Where's the remote (control)?
Could you stop flipping the channels?

⇨ 우리가 흔히 '리모컨'이라고 하는 것은 remote control의 잘못된 표현이다. 줄이려면 remote라고 하든지, 아니면 remote control이라고 다 말해야 한다. 한편 '리모컨으로 자주 채널을 돌리다'는 flip the channels라고 표현한다.

Would you like to listen to music?
What station is this?

⇨ 여기서 station은 radio station(라디오 방송국)을 줄인 표현.

Could you turn it down?

⇨ turn down은 '(TV, 라디오 등의) 소리를 줄이다'란 뜻이고, turn up은 '소리를 높이다'의 의미.

Let's go to the movies.
Why don't we go see a movie?

⇨ '~합시다'는 Let's ~나 Why don't we ~?를 쓴다.

What kind of movies do you like?
What's playing?
What time is the next showing?
What time is the last showing? ⇨ showing은 '상영'의 의미.

Step 3 실전회화 유창해지기

Challenge: 1

A: 재미있는 영화 하는 채널 없어요?

B: 없어요. 전부 시시한 옛날 영화뿐이에요. 영화나 보러 가죠.

A: 좋아요. 새로 나온 우피 골드버그 영화 어때요? 골드버그가 경찰로 출연하는[1] 영화요.

B: 좋죠! 그 영화 진짜 웃긴다고 하던데요.[2]

A: Is there a good movie on any channel?

B: No. It's all boring old movies. **Let's go to the movies.**

A: All right. How about the new Woopi Goldberg movie, where she acts as a cop?

B: Good idea! I heard it's really hilarious.

---

[1] **~로 출연하다** act as ~(~로 연기하다)란 표현을 쓴다.

[2] **~라고 하던데요** 다른 사람에게 들은 말을 인용할 때 I heard (that) ~(~라고 들었다) 구문을 쓴다.

A: 음악 들을래요?

B: 그러죠. 야! 제가 가장 좋아하는 노래가 연이어[1] 두 곡이나 나오네요! **이거 무슨 방송이죠?**

A: 이 지역에서 유일한 소프트 락 전문 방송국이에요. 직장에선 라디오를 항상 이 방송국에 맞춰 놓고 있어요.[2]

A: **Would you like to listen to music?**

B: Sure. Wow! Two of my most favorite songs back to back! **What station is this?**

A: This is the only soft-rock station in this area. I have my radio at work on this station all the time.

[1] 연이어서 continuously(연속해서)란 단어를 사용해도 좋지만, 바로 연이어 오는 경우 back to back(등과 등을 맞대고)이란 관용표현이 좋다. 가령, I have two meetings *back to back* tonight.은 '오늘 밤에 회의가 두 개나 연달아 있습니다'란 표현.

[2] 라디오를 ~ 방송국에 맞춰 두다 '(주파수)를 맞추다'란 뜻의 동사 tune을 써서 I have my radio tuned to ~라고 하거나, 더 간단하게 I have my radio on ~이라고 하면 된다.

Challenge: 3

A: **채널 좀 그만 바꿀래?** 신경 쓰여.[1]

B: 어, 미안, 근데 재미있는 게 없네. **'스톤 에이지'라는 새 디즈니 영화 보러 가지 않을래?**[2] 노스릿지 몰 극장에서 하고 있는데.

A: 내가 만화 영화 싫어하는 거 알잖아. 게다가 너무 피곤해서 나가기 싫어.[3]

A: **Could you stop flipping channels?** It's bothering me.

B: Oh, I'm sorry, but I can't find anything good. **Why don't we go see the new Disney movie, *Stone Age*?** It's playing at the Northridge Mall Theater.

A: You know I hate animated movies. Besides, I'm too tired to go out.

[1] **신경이 쓰이다** '신경을 쓰이게 하는 사람이나 물건'을 주어로 해서 ~ bother me(나를 귀찮게 하다)라고 표현한다.

[2] **영화 보러 가지 않을래?** 상대방에게 무엇을 같이 하자고 제안하는 표현으로 Let's ~ 또는 Why don't we ~?를 기억해 두자. Would you like to ~?(~하고 싶으세요?)도 자주 쓰이는 표현.

[3] **너무 피곤해서 나가기 싫다** too ~ to ...(너무 ~해서 ...할 수 없다) 구문을 쓴다.

미국의 비디오 대여점

'비디오 대여점'은 영어로 movie rental store라고 하는데, 미국에서 '비디오 대여점' 하면 미국 전역에 체인점을 가지고 있는 Blockbuster가 대표적이며, Hollywood Video도 널리 알려져 있다.

미국 비디오 대여점 대부분의 점포가 그렇지만 Blockbuster 역시 매장 면적이 우리나라 비디오 대여점과 비교가 안 될 정도로 넓다. 하지만 이런 대형 비디오 대여점만 있는 것이 아니고 슈퍼마켓에서 비디오를 대여해 주기도 하며, 우리나라처럼 개인이 운영하는 비디오 가게들도 있다. 그리고 최근에는 Netflix(www.netflix.com)같이 인터넷에서 영화를 선택하면 우편으로 DVD 영화를 보내주는 곳도 생겨났는데 비용이 저렴해서 인기가 많다.

미국의 비디오 대여료는 우리나라에 비하면 꽤 비싸다. Blockbuster의 예를 들면 DVD 영화 한 편에 4달러 정도이다. 대신에 3~7일 정도로 여유 있게 대여해 볼 수 있다. 대여점에서 비디오를 빌리려면 운전면허증 등의 신분증과 함께 신용카드를 제시해야 한다.

대여점에는 장르 및 대상별로 코너가 나뉘어져 있으므로, 다음의 명칭을 참고하여 해당 코너에 가서 원하는 영화를 고르면 된다. 각 명칭은 영화뿐만 아니라 소설에도 거의 동일하게 적용이 되므로 알아두면 외국인과 대화할 때 유용하다. 다만 새로 나온 영화는 New Release라고 해서 예전 영화와 구분해 진열되어 있다.

영화 장르, 영어로는 뭐라고 부를까?

일상사를 다룬 영화	drama
가족 이야기를 다룬 영화	family movie
애정 영화	romantic movie / love stories
코미디 영화	comedy
코믹한 애정 영화	romantic comedy
공포 영화	horror movie
액션 영화	action movie
미스터리 영화	mystery
스릴이 넘치는 영화	thriller
범죄 영화	crime movie
서부 영화	Western
공상과학 영화	SF(science fiction) movie
법정 영화	court movie
탐정 영화	detective movie / whodunit
첩보 영화	cloak-and-dagger story
만화 영화	animation / animated movie
모험 영화	adventure movie
성인용 영화	adult movie
십대들을 겨냥한 영화	teen movie
아동 영화	children's movie

09 경기 관람

It's five to two.

5대 2입니다.

미국 사람들에게 인기 있는 스포츠는 단연 야구, 농구, 미식축구이다. 이중에서 특히 야구는 우리나라에서도 널리 사랑받는 스포츠이므로, 미국인들과 같이 TV 중계를 보거나 직접 경기장에 가서 대화를 나누기에 좋은 주제이다. 이번 Unit에선 야구경기에 대해 얘기할 때 자주 쓰는 표현들을 익혀 보자.

[대표표현]

2회 초입니다.	**It's the top of the 2nd inning.**
2회 말입니다.	**It's the bottom of the 2nd inning.**
5대 2입니다	**It's five to two.**
동점입니다.	**The score is tied.**

Step 1 기본표현 뿌리 내리기

point 1
야구 경기의 진행상황

- top / bottom
- ~ to ~
- be tied
- be loaded

⇨ 일상적인 단어들이 야구 경기에서는 어떻게 의미가 달라지는지 살펴보자.

2회 초입니다.

2회 말입니다

5대 2입니다.

동점입니다.

만루입니다.

---

point 2
선수들의 포지션과 동작 표현하기

- play
- hit
- steal
- strike out

⇨ 치고, 달리고, 도루하는 야구 선수들의 동작표현을 익힌다.

그는 1루수입니다.

그는 외야수입니다

5회에 2루타를 쳤습니다.

홈런을 칠 줄 알았다니까.

그가 도루를 할 것 같은데요.

그는 삼진을 당했네요.

It's the top of the 2nd inning.
It's the bottom of the 2nd inning.

⇨ 야구에서 '~회 초', '~회 말'은 top과 bottom을 써서 표현한다.

It's five to two.
The score is tied.
The bases are loaded.

⇨ 경기에서 '몇 대 몇'으로 두 팀 사이의 점수를 말할 때 to를 쓰며, tie는 '동점이 되다'란 뜻의 동사이다. load는 원래 '(짐을) 싣다'라는 의미지만, 야구 용어로는 '만루로 만들다'란 뜻이 된다.

He plays first base.
He plays the outfield.

⇨ 야구에서 포지션을 말할 때 동사 play를 써서 표현할 수 있다. 가령 '그는 2루수이다'는 He *plays* second base.라고 한다.

He hit a double in the 5th inning.
I knew he was going to hit a homerun.

⇨ 야구 용어에서 hit은 동사로는 '~을 치다', 명사로는 '안타'란 의미. double은 '2루타'를 가리킨다. '1루타'는 single, '3루타'는 triple이라고 한다.

I think he's going to steal a base.

⇨ '도루하다'는 steal a base라고 한다.

He struck out.

⇨ strike out은 '삼진을 당하다'란 의미.

Step 2 응용표현 가지 뻗기

투수를 평할 때	오늘 데이브 선수가 아주 잘 던지네요.
	오늘 시작이 좋군요.
	제구가 날카롭지 않네요.
	3회 동안 투구 수 40개라, 나쁘진 않네요.
	오늘 한 명도 사구로 내보내지 않았어요.
	거의 견제구로 아웃시킬 뻔했는데요.
	샘 선수가 불펜에서 몸을 풀고 있어요.
	마이크 선수를 불러들이는 군요.
타자를 평할 때	그는 강타자입니다.
	그는 오늘 4타수 2안타입니다.
	그는 4타석에 삼진 2개를 당했습니다.
	너무 성급하게 스윙을 하네요.
	방망이에 볼을 갖다 대지도 못하고 있어요.

Dave's really pitching well today.

He's off to a good start. ⇨ off to a ~ start는 '시작이 ~한'.

His ball control isn't sharp enough.

3 innings, 40 pitches so far, not bad.

He hasn't walked a batter today.

He almost picked him off.

⇨ 야구 용어로 walk는 '사구', 또는 '~를 사구로 내보내다', pick ~ off 는 투수가 '(주자에게) 견제구를 던져 터치 아웃시키다'란 의미.

Sam's warming up in the bullpen.

They're bringing in Mike.

⇨ '구원 투수를 불러들이다'는 bring in(데리고 들어오다)이라고 한다.

He's a slugger.

He had 2 hits in 4 at bats today.

He has struck out 2 times in 4 at bats.

⇨ '안타'는 hit, '~타석'은 ~ at bat(s)라고 표현한다.

He's impatient at bat. / He's swing-happy.

⇨ impatient at bat는 '타석에서 인내심이 없는', swing-happy는 '무조건 휘두르는'의 의미.

He's not even making contact with the ball.

⇨ make contact with ~는 '~와 접촉하다, ~에 닿다'.

큰 소리로 응원하기	달려, 스티브! 달리라고, 달려!
	참 잘했다!
	(야유 소리) 우!
	못 봐 주겠구만!
	번트는 저렇게 하는 거예요!
	정말 멋진 더블 플레이네요!
	멋진 플레이에요!
	그 선수를 사구로 내보내지 마라!
	희생 번트를 대라고!
기타 야구 관전시 쓰이는 표현	1루타만 나와도 되는데.
	주심이 코너를 아주 좁게 보는군요.
	오늘 제이크 선수가 선발진에 포함되어 있나요?
	그 선수는 슬럼프에 빠져 있어요.
	다저스의 공격이 형편없군요.

응용표현 가지 뻗기 Step 2

Go, Steve. Go, go!
Way to go!
Boo!
That's pathetic!
> 우리가 응원할 때 즐겨 쓰는 Fighting!은 잘못된 표현으로, 영어에서는 Go!를 쓴다. pathetic은 '(딱할 정도로) 형편없는'의 의미.

Now, that's the way to bunt!
What a beautiful double play!
Good play! / Nice play!

Don't walk him!
Bunt him over!
> bunt ~ over (to ...)는 '번트를 해서 ~를 (…으로) 보내다'란 의미.

We just need a base hit.
> '1루타'는 a base hit 또는 앞에서 배웠듯이 a single (hit)이라고 한다. '2루타'는 a two base hit 또는 a double (hit), '3루타'는 a three base hit 또는 a triple (hit)이다.

The umpire's a little stingy on the corners.
> umpire는 '야구 경기의 심판(원)', stingy (on ~)는 '(~에 대하여) 인색한'.

Is Jake in the lineup today?

He's in a slump.
The Dodgers offense is pretty bad.

Step 3 실전회화 유창해지기

Challenge: 1

A: 야, 저걸 스윙이라고 하나.[1] 눈이 멀었군. 저렇게 높은 공에 방망이를 휘둘러대니 말이야.

B: 이번에 또 **삼진 당하면** 3타석 연속이야.[2]

A: 아이고, 하마터면 **견제 아웃당할 뻔했네**.[3] 야, 이거 간 졸여서 못 보겠구만![4]

A: Oh, that was a really ugly swing. Is he blind, swinging at such a high ball?

B: If **he strikes out** again, it's going to be his third time in a row.

A: Oh! **He was almost picked off.** Gosh, I'm going to have a heart attack!

---

[1] **저걸 스윙이라고 하나** 우리말식으로 하긴 힘들고, That was an ugly swing.(보기 흉한 스윙이다)으로 표현한다.

[2] **3타석 연속이다** '연속으로'는 in a row라고 하고, 3타석은 '세 번째'란 뜻으로 third time이라고 쓴다.

[3] **견제 아웃당하다** 앞에서 배운 pick ~ off(견제 아웃시키다)를 수동태로 써서 be picked off라고 한다.

[4] **간 졸여서 못 보겠다** It's nerve-wracking.(안절부절 못하겠다) 또는 I'm going to have a heart attack.(심장마비를 일으키겠다)란 관용표현을 외워 두자.

A: 이럴 수가!¹ **한 명을 더 사구로 출루시키다니! 만루가 되었잖아!**

B: 이제 돌핀스는 1루타나 외야 플라이만 치면 되네.² 그러면 경기가 끝나잖아!³

A: 잠깐! **구원 투수로 스티브 마틴이 나오는데.** 그가 우리 팀을 위기에서 구해낼 수 있기를⁴ 바래 보자구.

A: I don't believe this! **He walks another batter! The bases are loaded!**

B: All the Dolphins need now is a single or a deep fly, and the game'll be over!

A: Wait! **They're bringing in Steve Martin as a relief pitcher.** Let's hope he can save the day for us.

---

1 **이럴 수가!** Oh, no!라고 하거나, I don't believe this!(이것을 못 믿겠다!)를 쓴다.

2 **이제 ~만 하면 된다** All they need is ~(그들이 필요로 하는 모든 것은 ~이다) 구문을 써서 표현해 보자.

3 **~이 끝나다** be finished 또는 be over라고 한다.

4 **팀을 위기에서 구해내다** save one's team이라고 해도 되고, '위기나 어려운 상황에서 구하다'란 뜻의 save the day란 관용표현도 좋다.

Review Units 07~09

1. 다음 우리말 대화를 영어로 말해 보세요.

(1) A: 취미가 무엇입니까?
    B: 저는 영화 보는 것을 좋아합니다.

(2) A: 어떤 TV 프로그램을 좋아하세요?
    B: 저는 '래리 킹 라이브'를 즐겨 봅니다.

(3) A: 영화 보러 갈래요?
    B: 그래요. 무슨 영화를 보고 싶은데요?

(4) A: 몇 회입니까?
    B: 2회 말입니다.

(5) A: 또 삼진을 당했네요.
    B: 그 선수는 슬럼프입니다.

2. 다음 문장 중 틀린 부분을 고쳐 보세요.

(1) The movie isn't on my alley.

(2) I'm far from good at cooking.

(3) What's at Channel 11?

Answers

1.
(1) A: What are your hobbies? B: I like watching movies.
(2) A: What's your favorite TV show? B: I like to watch *Larry King Live*.
(3) A: Would you like to go see a movie? B: Sure. What do you want to see?
(4) A: What inning is it? B: It's the bottom of the 2nd inning.
(5) A: He struck out again. B: He's in a slump.

(4) Would you like to listen music?

(5) He plays the first base.

(6) He had 2 hits in 4 bats today.

3. 우리말 문장에 맞게 영어 문장의 빈칸을 완성해 보세요.

(1) 가장 즐겨 하는 여가활동은 무엇입니까?
What's your _____?

(2) 헤비메탈 음악은 별로 좋아하지 않습니다.
I'm not a _____.

(3) 채널 좀 그만 바꾸시겠어요?
Could you _____?

(4) 다음 회는 몇 시에 있습니까?
What time _____?

(5) 만루입니다.
The bases _____.

(6) 동점입니다.
The score _____.

Answers

2. (1) on → up (2) far from good → far from being good (3) at → on (4) listen music → listen to music (5) the first base → first base (6) in 4 bats → in 4 at bats
3. (1) favorite pastime (2) big fan of heavy-metal music (3) stop flipping the channels (4) is the next showing (5) are loaded (6) is tied

'야구'에서 유래된 재미있는 영어표현들

영어표현 중에는 야구에서 유래된 표현들이 많다. 기초 수준의 영어 학습자들에게는 다소 어렵게 느껴질 수도 있겠으나 신문 사설 등의 영문 독해를 대비해 알아두면 좋은 표현들이 많으니 한 번쯤 읽어 두면 도움이 될 것이다.

bush league 원래는 Major League에 대비한 Minor League를 일컫던 말이지만, 지금은 '아마추어인, 별 볼일 없는, 치사한' 등의 의미로 쓰인다. 얼마 전 부시 미 행정부의 이라크 침공을 가리켜 Bush league foreign policy라고 비꼰 사설이 있었는데, 이는 '부시 대통령의 외교정책이 아마추어 수준'이라는 풍자적인 표현이다.

curve ball 말 그대로 '커브 공'인데, 일반 영어에서는 '뜻하지 않는 상황이나 어려움'을 뜻하는 말로 쓰인다. 가령 Things were going great, and then life threw me a curve ball.이라고 하면 '모든 일이 잘 풀려가다가 갑자기 어려운 일이 닥쳤다'는 뜻이 된다.

drop the ball 수비수가 잡기 쉬운 플라이 볼을 떨어뜨리는 어이없는 실수를 일컫는 데서 유래하여, '멍청한 실수를 범하다'는 뜻으로 쓰인다. 예를 들어, Microsoft dropped the ball with WebTV.는 '마이크로소프트 사가 인터넷 TV 사업에서 어이없는 실수를 했다'는 의미가 된다.

right off the bat 직역하면 '배트에서 바로 떨어져 나온'이란 뜻이 되지만, 실제로는 '즉석에서'란 뜻으로 쓰인다. 가령, I can't think of anyone right off the bat.는 '당장 생각나는 사람이 없다'란 뜻이다.

10 이성 교제

Are you seeing someone now?

지금 사귀는 사람 있어요?

어느 언어나 마찬가지겠지만, 영어에서도 사랑이나 연애는 표현이 가장 풍부한 주제 중 하나이다. 이는 사람 간의 관계가 원래 복잡미묘한 것이라 그럴 수도 있지만, 다양한 감정표현이 필요한 부분이기 때문이기도 할 것이다. 이번 Unit에선 남녀 간의 교제와 관련된 다양한 표현들을 익혀 보도록 하자.

[대표표현]

지금 사귀는 사람 있어요?
Are you dating someone right now?
Are you seeing someone now?

헨리와 계속 사귀고 있습니다.
I'm going steady with Henry.

Step 1 기본표현 뿌리 내리기

point 1
사귀다

- **date**
- **see**
- **go out with**
- **be (going) steady with**
- **be one's steady**

⇨ '~와 사귀다'의 다양한 동사 표현을 익힌다.

지금 사귀는 사람 있어요?

헨리와 계속 사귀고 있습니다.

릭은 그녀의 남자친구입니다.

point 2
좋아하다

- **like**
- **care for**
- **be in love with**

⇨ I like you., I love you. 외에 다양한 애정표현을 배워 보자.

난 당신이 좋아요.

난 당신이 매우 좋아요.

당신을 사랑해요.

그는 그녀에게 푹 빠져 있어요.

Are you dating someone right now?

Are you seeing someone now?

Are you going out with someone now?

⇨ '~와 사귀다'란 뜻으로 date, see, go out with 등 다양한 영어표현이 있다.

I'm (going) steady with Henry.

Rick is her steady.

⇨ be (going) steady with는 '한 사람만 정해놓고 사귀다'란 의미. steady를 명사로 쓰면 '정해놓고 사귀는 사람'이란 뜻이다.

I like you.

I care for you a lot.

⇨ care for는 '~를 돌보다'란 뜻 외에 '~를 좋아하다'란 뜻도 있다.

I'm in love with you.

He's head over heels in love with her.

He's madly in love with her.

⇨ be in love with는 '~를 사랑하고 있다'란 뜻으로, ~ in love 앞에 head over heels, madly 등을 넣으면 '정신 못 차릴 정도로 사랑에 푹 빠져 있다'는 뜻이 된다.

Step 2 응용표현 가지 뻗기

옛 애인, 이상형 표현하기	그는 제 옛날 남자친구입니다.
	그녀는 나의 이상형입니다.
좋아하는 감정의 표현	전 그녀에게 첫눈에 반했어요.
	첫눈에 반했어요.
	저는 그녀에게 끌렸어요.
	그는 그녀를 좋아합니다.
	그녀는 그에게 빠져 있습니다.
	그녀가 그를 아주 좋아하는 게 분명합니다.
	저는 제인에게 반했어요.
	당신이 레이에게 홀딱 빠져 있는 줄은 몰랐네요.

He's my ex-boyfriend. / He's my ex.
➪ ex-는 '전-'이란 뜻으로, ex-boyfriend(전 남자친구), ex-wife(전 부인)처럼 명사 앞에 붙여 쓰거나, ex만으로도 '전 남편, 전 부인, 전 애인' 등의 의미가 된다.

She's the girl of my dreams.
➪ the ~ of my dreams는 '내가 꿈꾸는 ~'으로, 가령 the house of my dreams 라고 하면 '내가 꿈꾸는 집'이란 뜻이 된다.

I fell in love with her at first sight.

It was love at first sight.
➪ fall in love with는 '~와 사랑에 빠지다', at first sight는 '첫눈에, 처음 보았을 때'의 의미.

I'm attracted to her.
➪ be attracted to는 '~에게 끌리다, 매혹되다'.

He's taken with her.
➪ be taken with는 '~를 좋아하다, 마음에 들어 하다'.

She's smitten with him.
➪ be smitten with는 '~에게 매료되어 있다'는 뜻의 구어표현.

It's obvious she has it bad for him.
➪ have it bad for는 '~에게 홀딱 반하다'.

I have a crush on Jane.
➪ have a crush on은 '~에게 홀딱 반해 있다, ~에 매우 열중하다'.

I didn't know you had the hots for Ray.
➪ have the hots for는 '~에게 홀딱 반하다'.

두 사람이 잘 어울린다는 표현	너희는 천생연분이야.
	너희 참 잘 어울려.
	그들은 죽이 참 잘 맞습니다.
남녀 간의 헤어짐에 관한 표현	여자친구에게 차였어.
	우리는 헤어졌었지만, 지금은 화해했어.
	우리는 헤어졌었지만, 곧 다시 만났어.
	우리는 친구로 헤어져 지금도 자주 만나고 있어.
	우리는 잘 안 맞았습니다.
	우리는 서로의 차이점을 극복하지 못했습니다.

응용표현 가지 뻗기 Step 2

You were made for each other.

You are perfect for each other.

You look wonderful together.

They are hitting it off well.

⇨ hit it off는 '잘 지내다, 죽이 맞다'.

I got dumped by my girlfriend.

⇨ 우리말은 '차이다'이지만, 영어로는 '쓰레기를 버리다'란 뜻의 동사 dump를 써서 get dumped(버려지다)라고 표현한다.

We broke up, but now we've made up.

We broke up, but we got right back together.

We parted friends and still see each other a lot.

⇨ '남녀가 헤어지다'는 break up이란 표현을 쓴다. get back together는 '헤어졌던 커플이 다시 만나다'란 의미이고, part는 '헤어지다'로 뒤에 friends를 붙이면 '친구로 헤어지다, 좋게 헤어지다'란 뜻이 된다.

We didn't have chemistry.

We couldn't get over our differences.

⇨ chemistry는 '화학적으로 안 맞다'는 뜻이고, get over는 '~을 극복하다'란 표현이다.

데이트 신청에 관한 표현	금요일 저녁에 시간 있어요?
	금요일 저녁에 뭐 하세요?
	언제 저랑 데이트 하시겠어요?
	죄송하지만, 관심 없어요[시간이 없어요].
소개팅 및 데이트 관련 표현	내가 티나를 소개시켜 줄게.
	제 남편을 소개팅에서 처음 만났습니다.
	오늘 끝내 주는 상대와 데이트가 있어요.
	그녀에게 데이트를 신청할 용기가 없어요.
누구를 유혹한다는 표현	그 사람이 너에게 추파를 던지고 있었어.
	그 사람이 네 여자친구에게 집적대고 있어.
	그가 나를 유혹했지만, 거절했어요.
	지금 나에게 집적대는 거예요?

응용표현 가지 뻗기 Step 2

Are you free Friday night?
What are you doing Friday night?
Would you like to go out with me sometime?
⇨ go out with는 '~와 데이트 나가다'의 뜻.

I'm sorry, I'm not interested[I'm not free].

I'll fix you up with Tina.
⇨ fix ~ up with ...는 '(이성 간에) …와 ~를 만나게 해 주다'란 의미.

I first met my husband on a blind date.
⇨ blind date는 상대방을 모르는 상태에서 소개 받아 만나는 데이트.

I have a hot date today.

I don't have the guts to ask her out.
⇨ guts는 '용기, 배짱', ask ~ out은 '~에게 데이트 신청하다'의 의미.

He was making goo-goo eyes at you.
⇨ make goo-goo eyes at은 '~에게 추파를 던지다'.

He's hitting on your girlfriend.
⇨ hit on은 '(원하지 않는 사람에게) 집적대다'.

He came on to me, and I turned him down.
⇨ come on to는 '~를 유혹하다', turn down은 '거절하다, 퉁기다'.

Are you flirting with me?
Are you trying to pick me up?
⇨ flirt with는 '이성에게 집적거리다, 장난삼아 연애하다', pick ~ up은 '처음 보는 이성에게 접근하다'는 뜻.

Step 3 실전회화 유창해지기

Challenge: 1

A: 래리가 너에게 추파를 던지는 거 봤니?[1] 너에게 반한 것이 분명해.[2]

B: 그래, 나도 눈치 챘지만,[3] 모르는 척하고 있어.

A: 왜? 얼굴도 잘 생기고 똑똑하잖아.

B: 알아, 그렇지만 유명한 바람둥이[4]이기도 하지.

A: Did you see the way **Larry was making goo-goo eyes at you? It's obvious he's taken with you.**

B: Yes, I've noticed it, but I'm ignoring him.

A: Why? He's handsome and smart.

B: Yes, but he's also a known womanizer.

---

[1] **그가 ~하는 거 봤니?** Did you see him -ing?라고 해도 되지만, 위에서처럼 Did you see the way he was -ing?(그가 ~하는 방식을 보았니?)처럼 the way를 사용하는 것도 좋다.

[2] **~이 분명하다** It's obvious (that) ~나 It's clear (that) ~ 구문을 사용한다.

[3] **눈치를 채다** notice(~을 알아차리다)란 동사를 기억하자.

[4] **유명한 바람둥이** a famous playboy라고 하기 쉬운데, famous는 보통 '좋은 일로 유명한 것'을 가리키는 표현이다. 따라서 이 경우는 중립적인 느낌의 well-known(잘 알려진)이나, 더 단순하게 known(알려진) 등을 쓰는 것이 좋다. '남자 바람둥이'는 womanizer라고 하고, 남녀 구분 없이 일반적으로 '여러 사람과 사귀는 사람'은 two-timer라고 한다.

A: 안녕하세요. **금요일 저녁에 뭐 하세요?** 시간이 있다면[1] 저랑 저녁 같이 할래요?

B: **지금 저에게 치근대는 거예요?**

A: 아뇨, 그냥 서로 친구로 지내자는 것뿐인데요.[2]

B: 죄송하지만, 저는 결혼했거든요.[3] 그러니까 괜한 헛수고하시는 거예요.[4]

A: Hi. **What are you doing Friday night?** If you're free, **would you like to go out to dinner with me?**

B: **Are you hitting on me?**

A: No, I just want us to be friends.

B: I'm sorry, but I'm happily married. So, you're just wasting your time with me.

---

[1] **시간이 있다면** If you have time은 콩글리시이고, '자유로운'이란 뜻의 free를 써서 If you're free라고 한다.

[2] **친구로 지내자는 것뿐이다** I just want to be friends with you.(당신과 친구가 되기를 원할 뿐이다), 또는 I just want us to be friends.(우리가 친구가 되기를 원할 뿐이다)라고 표현한다.

[3] **저는 결혼했어요** 이런 경우는 '결혼해서 행복하니까 관심이 없다'는 뜻으로 I'm happily married.(행복하게 결혼해 있다)라고 한다.

[4] **헛수고하고 있다** You're wasting your time.(시간을 낭비하고 있다)이라고 하거나, '번지수를 잘못 찾았다'란 뜻으로 You're barking up the wrong tree.(잘못된 나무를 보고 짖고 있다)란 표현을 쓴다.

Challenge: 3

A: 한 가지 부탁할 게 있어.[1]

B: 말해 봐![2]

A: 네 사촌 로라를 소개시켜 줄래? 그녀는 내 이상형이야.

B: 네가 로라를 좋아하는지는 몰랐네. 안 됐지만, 로라는 이미 다른 사람과 사귀고 있는걸.[3]

A: I have a favor to ask of you.

B: Shoot!

A: **Can you fix me up with your cousin, Laura? She's the girl of my dreams.**

B: I didn't know **you had a crush on her.** Unfortunately, **she's already going steady with someone.**

---

[1] **부탁할 것이 있다** '부탁'이란 뜻의 favor를 써서, Will you do me a favor?(부탁 하나 들어 줄래요?)나 Can I ask a favor of you?(당신한테 부탁 하나 해도 돼요?)같이 표현한다.

[2] **말해 봐** 보통 Sure.나 All right.이라고 하지만, 젊은 사람들끼리는 Shoot!(쏴!)이란 속어표현을 쓰기도 한다.

[3] **이미 다른 사람과 사귀고 있다** 앞에서 배운 대로 '사귀다'는 date, see, go out with라고 하는데, 만약 '한 사람과 지속적으로 사귀고 있다'라고 강조할 경우에는 be (going) steady with와 같은 표현을 쓴다.

실전회화 유창해지기 Step 3

A: 오늘 제니가 온대?
B: 몰라. 왜 신경 쓰니? 왜 얼굴이 붉어지는 거야?[1] 너 걔 좋아하니?
A: 어, 맞아. **관심 있어.**
B: 그러면 데이트를 신청해 보지 그래? 걔도 널 좋아할지 모르잖아.
A: 그럴 용기가 없어서.[2] 퇴짜라도 맞으면 어떡하라고?[3]

A: Is Jenny coming today?
B: I don't know. Why do you care? Why are you blushing? Do you like her?
A: Well, yes. **I'm attracted to her.**
B: Then, why don't you ask her out? She may like you, too.
A: I don't have the guts to. I'd totally die if she turned me down.

---

[1] **왜 얼굴이 붉어지는 거야?** '얼굴을 붉히다'란 뜻의 동사 blush를 쓰거나, Why is your face red?(왜 얼굴이 빨개?)라고 표현할 수도 있다.

[2] **~할 용기가 없다** 우리말 그대로 I don't have the courage to ~라고 하면 된다. courage 대신 나 guts(배짱)나 nerve(배짱)를 넣어 말해도 좋다.

[3] **~하면 어떡하라고?** What if ~?(~하면 어떡하나?)란 표현을 쓰거나, 위에서처럼 I'd totally die if ~(~한다면 나는 죽고 말 거야) 같은 구어표현을 써 보자.

잭과 질은 갑돌이와 갑순이

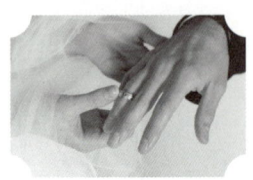

미국인들을 비롯한 서양인들이 우리보다 남녀관계에 있어 자유분방하다는 것은 사실이지만, 남녀관계가 흥분과 기쁨 외에 고민과 번민을 가져다주는 것은 동서양이 크게 다를 바 없다. 여기서는 남녀 사이의 고민과 번민을 다룬 몇 가지 관용표현들을 살펴보자.

모든 잭에겐 그의 질이 있다

우리말에 '짚신도 제짝이 있다'는 속담이 있는데, 영어에도 이와 유사한 속담이 있다. **Every Jack has his Jill.**(모든 잭에겐 그의 질이 있다)이 바로 그것인데, 여기서 잭은 남자, 질은 여자를 대표하는 흔한 이름으로 우리말의 '갑돌이', '갑순이' 정도에 해당한다.

바다에는 고기가 많다

남녀 간의 이성 교제란 어떻게 보면 이렇게 자신의 잭이나 질을 찾는 과정일 텐데, 그러다 보면 서로 헤어지거나 차이기도 하는 등의 시행착오를 거친다. 이번 Unit에서 '헤어지다'는 break up, '차이다'는 get kicked가 아니라 get dumped라고 배웠는데, 그런 일을 당한 사람에게는 **There's a lot of fish in the sea.**(바다엔 고기가 많다)라고 위로할 수 있겠다. '세상에 널린 것이 남자(여자)다', '지구의 반이 남자(여자)다'라는 뜻이다.

결혼에 뛰어들다

결혼을 결정하는 것은 참으로 힘든 일이다. 그래서 흔히 '결혼하기로 결정하다'는 말을 **take the plunge**(뛰어들다)라고 표현하기도 한다. 가령, I need to have a secure job before I take the plunge.라고 하면 '결혼하기 전에 안정된 직장을 잡아야 한다'는 말이다.

11 화장과 패션

I don't wear a lot of makeup.

저는 화장을 진하게 하지 않습니다.

요즘은 여성뿐만 아니라 남성들도 외모나 패션에 신경을 많이 쓰는데, 이런 경향은 미국에서도 마찬가지이다. 특히 젊은이들 사이에서는 현재 유행하는 옷 스타일이나 패션 트렌드가 흔한 대화 주제로 떠오른다. 또한 화장도 더 이상 여성들만의 전유물이 아닌 만큼, 남성들도 '피부가 좋다', '화장을 한다, 안 한다' 정도의 기본적인 표현들은 알아두는 것이 도움이 될 것이다.

[대표표현]

저는 화장을 진하게 하지 않습니다. **I don't wear a lot of makeup.**

전 화장을 해야 돼요. **I need to put on my makeup.**

피부가 참 좋으시네요.

You have a very nice complexion.

Step 1 기본표현 뿌리 내리기

point 1
화장을 하다, 옷을 입다

- **wear**
- **put on**

⇨ wear는 '상태'를 나타내고, put on은 '동작'을 나타낸다.

저는 화장을 진하게 하지 않습니다.

저는 화장을 안 합니다.

전 화장을 해야 돼요.

저는 편안한 옷을 입는 것을 좋아합니다.

저는 직장에서는 바지를 입지 않습니다.

코트를 입고 이제 갑시다.

point 2
피부, 화장, 머리 모양

- **nice complexion**
- **bad makeup day**
- **bad hair day**

⇨ 피부, 화장, 머리 모양을 나타내는 표현에 익숙해진다.

피부가 참 좋으시네요.

오늘은 화장이 엉망이에요.

오늘은 머리가 엉망이에요.

I don't wear a lot of makeup.

I don't wear makeup.

I need to put on my makeup.

> ⇨ 영어에선 '화장하다'도 옷처럼 wear(입다)라고 표현한다. 그런데 wear는 '화장을 한 상태'를 가리키는 표현이고, '화장을 하는 동작'을 나타낼 때는 put on을 쓰는 점에 주의한다.

I like to wear comfy clothes.

I don't wear pants to work.

Put on your coat, and let's go.

> ⇨ 옷도 화장과 마찬가지로 wear는 '입고 있는 상태'를 나타내고, put on은 '입는 동작'을 나타낸다. comfy는 comfortable(편안한)의 구어체 표현.

You have a very nice complexion.

> ⇨ '얼굴 피부'는 skin이라고 하지 않고, complexion이라고 한다.

I'm having a bad makeup day.

I'm having a bad hair day.

Step 2 응용표현 가지 뻗기

화장과 관련된 표현	그녀는 지금 화장을 하고 있습니다. 어떤 화장품을 쓰십니까? 저는 보통 화장을 가볍게 합니다.
피부 상태에 대해 말할 때	오늘은 얼굴이 푸석푸석합니다. 저는 지성[건성, 중성, 복합성] 피부입니다. 저는 겨울엔 피부가 건조해집니다. 눈가에 잔주름이 좀 있습니다.
화장품에 대해 설명할 때	이 마스카라는 뭉치지[쉽게 흘러내리지] 않습니다. 이 파운데이션은 잘 날아가지 않습니다. 이 콤팩트는 두껍거나 뭉치는 느낌이 없습니다. 이 파우더는 피부에 트러블을 일으키지 않습니다. --- 이 크림은 정말 효과가 있습니다.

She's putting on makeup.
What makeup do you use?
I mostly wear light makeup.

> makeup은 '화장', 또는 '화장품'이란 뜻이고, light makeup은 '옅은 화장'이란 의미. '화장을 하고 있는 상태'는 wear 동사를 쓴다.

My face is puffy today.
I have oily[dry, neutral, combination] skin.
I get dry skin in the winter.
I have some fine lines around my eyes.

> '주름'은 wrinkle이지만, '잔주름'은 fine line이라고 한다.

This mascara doesn't clump[run easily].

> clump는 '엉겨 붙다, 뭉치다', 마스카라가 '흘러내리다'는 run이란 동사를 쓴다.

This foundation doesn't run off easily.
This compact doesn't feel heavy or cakey.

> run off는 '(물 등이) 흘러가다, 빠지다'란 뜻으로, slide off라고 하기도 한다. cakey는 화장품이 매끈하게 발리지 않고 '갈라지거나 덕지덕지 칠한 것 같은'이라는 뜻의 형용사.

This powder doesn't cause breakouts.

> breakout은 '종기나 뾰루지 같은 피부 트러블'을 의미.

This cream is really effective.
This cream works wonders.

> effective는 '효과가 있는', work wonders(기적을 발휘하다)는 '큰 효과가 있다'는 의미.

유행하는 패션에 대해 말할 때	나팔바지가 유행입니다. 플레어 스커트는 유행이 지났습니다. 9부 바지가 올 여름 대유행입니다.
옷차림에 대해 언급할 때	그녀는 유행을 잘 따릅니다. 저는 패션에 신경을 쓰지 않습니다.
	그 재킷이 아주 멋있네요. 옷이 멋있네요.
	그녀는 패션 감각이 뛰어납니다. 그녀는 패션 감각이 형편없습니다.
	저런 옷을 입으려면 대단한 용기가 필요하죠. 저는 저런 수영복은 도저히 못 입을 거예요.

응용표현 가지 뻗기 Step 2

Bell-bottom pants are in fashion.
Flared skirts are out of fashion.
Ankle pants are all the rage this summer.

⇨ '유행하는'은 in fashion, in style, in vogue 등으로 표현하며, 반대로 '유행이 지난'은 out of fashion, out of style, out of vogue라고 한다. all the rage는 '대유행인'이란 의미.

She's really with it.
I'm not fashion-conscious.

⇨ fasion-conscious(패션을 의식하는)는 '패션에 신경을 쓰는 경향이 있는'의 의미.

That jacket looks good on you.
That's a nice outfit you're wearing.

⇨ 우리말식으로 하면 That's a nice outfit.이라고만 하면 되지만, 영어에선 보통 뒤에 '당신이 입고 있는'이란 뜻의 you're wearing 또는 you have on을 덧붙인다. on you는 '당신이 입은 상태에서'의 의미.

She has good taste in clothes.

⇨ taste는 '기호, 취향'. good은 '감각이 좋은', bad는 그 반대의 의미.

She's a terrible dresser.

⇨ dresser 앞에 terrible(형편없는), good(좋은), sensible(감각이 있는) 같은 형용사를 넣어 패션 감각을 설명할 수 있다.

It takes a lot of courage to wear an outfit like that.
I can't imagine myself wearing a bathing suit like that.

⇨ take ... to ~는 '~하는 데 …이 필요하다[걸리다], imagine myself -ing 는 '내 자신이 ~하는 것을 상상하다'라는 의미.

옷 입는 취향에 관해 말할 때	어떤 스타일의 옷을 즐겨 입으세요?
	직장에 어떤 옷을 입고 다니십니까?
	저는 편한 옷이면 어느 것이든 입습니다.
	저는 유명 디자이너의 옷을 입는 것을 좋아합니다.
	저는 제 몸매를 잘 살려 주는 옷을 좋아합니다.
	저는 지금 유행하는 옷을 입는 편입니다.
	저는 옷 색깔을 잘 못 맞춰 입습니다.
옷을 차려입은 정도에 대해 말할 때	쫙 빼 입으셨네요!
	저는 결혼식 피로연 같은 행사에 참석할 때만 정장을 입습니다.
	옷을 좀 수수하게 입지 그러세요?
	제가 옷을 너무 화려하게 차려입은 건가요?
	제가 옷을 너무 캐주얼하게 입고 온 것 같아요.

응용표현 가지 뻗기 Step 2

What style of clothes do you like to wear?
What type of clothes do you wear to work?
⇨ wear ~ to work는 '~을 입고 직장에 출근하다'.

I usually wear whatever I'm comfortable in.
⇨ 전치사 in은 '~을 입고 있는'.

I like to wear designer clothes.
I like to wear clothes that complement my figure.
⇨ complement(보완하다) 대신에 '몸매를 잘 드러내 주다'란 뜻으로 show off(자랑하다)나 flatter(아첨하다)란 표현도 자주 쓰인다.

I tend to wear what's in fashion at the time.
⇨ tend to는 '~하는 편이다', at the time은 '당시에, 현재'의 의미.

I'm not good at color coordination.

You're all dressed up!
I only dress up when I have to attend functions like wedding dinners.
Why don't you dress down a little?
⇨ be dressed up은 '옷을 빼 입다, 잘 차려 입다'란 의미. 또는 dress up의 형태로 써도 '정장하다, 잘 차려 입다'라는 뜻이 된다. 반대로 '허름하게 입다'는 dress down. function은 '행사, 사교적 모임'.

Do you think I'm overdressed?
I feel underdressed.
⇨ be overdressed는 '(경우에 맞지 않게) 옷을 과하게 차려 입다'이고, be underdressed는 반대로 '옷을 너무 캐주얼하게 입다'란 의미.

Step 3 실전회화 유창해지기

Challenge: 1

A: 어떤 화장품을 쓰세요?

B: 화장품에 관해선 특정 브랜드만을 고집하진 않아요.[1] 그렇지만 일반적으로 클리니크를 좋아합니다.

A: 화장품은 어디서 사세요?[2]

B: 주로 백화점에서 삽니다.[3]

A: **What makeup do you use?**

B: I'm not brand loyal when it comes to cosmetics. But on the whole, I like Clinique.

A: Where do you shop for your cosmetics?

B: I prefer to buy my cosmetics at department stores.

---

[1] **화장품에 관해선 특정 브랜드를 고집하다** '~에 관해선'은 when it comes to ~(~에 이를 땐) 구문을 기억해 두자. '~을 고집하다'는 insisit on이란 표현이 있지만, '브랜드를 고집하다'는 brand loyal(브랜드에 충실한)이라고 하면 간단하다.

[2] **~을 사다** buy(사다)를 써도 좋고, shop for(~을 쇼핑하다)란 표현도 좋다.

[3] **~에서 삽니다** I buy ~라고만 해도 되지만, 선호도를 말하는 것이므로 I prefer to ~(~하는 것을 선호하다)를 buy 앞에 붙여 주면 더 좋다.

A: 저는 겨울에 특히 피부가 건조해지는데요. 추천해 주실 만한 제품이 있나요?

B: 프레시 룩 사에서 새로 나온 인텐시브 케어 로션을 써 보세요.[1] 저도 쓰고 있는데요, 효과가 좋더라구요.[2]

A: 바디 로션인가요?

B: 예, 다용도 보습제[3]입니다. 냄새도 좋아요.[4]

A: **I get dry skin, especially in the winter.** Can you recommend something?

B: Why don't you try the new Fresh Look Intensive Care Lotion? I use it myself, and I find it quite effective.

A: Is it a body lotion?

B: Yes, it's an all-purpose moisturizer. It has a nice scent, too.

---

[1] **~을 써 보세요** 제안하는 표현으로 Why don't you try ~?를 쓴다.

[2] **효과가 좋습니다** '(써 보니) 효과가 좋다'란 말이므로, '~이 …하다고 판단하다'란 뜻의 'find + 명사 + 형용사' 구문을 써서 표현했다. 가령, I find him trustworthy.라고 하면 '(사귀어 보니까) 그는 신뢰할 만한 사람이다'란 뜻이다.

[3] **다용도 보습제** '다용도'는 all-purpose(모든 목적에 사용되는)란 형용사를 기억해 두자.

[4] **냄새도 좋아요** 화장품 냄새는 smell이라고 하지 않고 scent를 쓴다.

Challenge: 3

A: **옷을 너무 화려하게 차려입은 것 아니에요?** 지금 가는 건 가벼운 모임인데요.

B: 그래요? 저녁식사 하고 영화 보러 가는 줄 알았는데.[1]

A: 아니, 그건 내일이에요. **좀 수수한 옷으로 갈아입어요.** 그러면 괜찮을 거예요.

A: **Don't you think you're overdressed?** This is a casual party we're going to.

B: Really? I thought we were going to dinner and a movie.

A: No, that's tomorrow. **Why don't you dress down a little?** Then, you'll be all right.

[1] 저녁식사 하고 영화 보러 가다 '저녁식사 하러 가다'는 go to dinner, '영화 보러 가다'는 go to a movie 또는 go to the movies라고 하니까 두 표현을 go to ~ 뒤에 연결하면 된다.

Challenge: 4

A: 어떤 스타일의 옷을 즐겨 입으세요?

B: 저는 캐주얼한 옷을 좋아합니다만, 특별한 경우엔[1] 정장을 입는 것도 좋아합니다.

A: **What style of clothes do you like to wear?**

B: I like casual clothes, but I also like to dress up for special occasions.

실전회화 유창해지기 **Step 3**

1   **특별한 경우엔** '경우, 때'를 나타내는 occasion을 써서 '특별한 일[행사]'이란 의미의 special occasion으로 표현한다.

Challenge: 5

A: **쫙 빼 입었네.** 어디 가?
B: 네, 오늘 밤 동창회가 있어요. 존이 축구 연습을 끝내면 4시에 데려올래요?[1]
A: 그럴게. 지금 나가?
B: 네. 동창회에 가기 전에 머리 세팅을 하러[2] 미용실에 가야 하거든요.

A: **You're all dressed up.** Are you going somewhere?
B: Yes, there's a class reunion party tonight. Can you pick up John from soccer practice at 4?
A: Sure. Are you leaving now?
B: Yes. I have to go to the hairdresser to have my hair set before I go to the party.

1   **데리고 오다** '차로 사람을 데리러 가는 것'을 pick up이라고 한다.

2   **머리 세팅을 하다** 자신이 직접 손질하는 것이 아니라 다른 사람(미용사)이 하는 것이므로 'have + 목적어 + 과거분사' 구문을 써서 '~이 …가 되어지게 하다'라고 표현한다.

Review Units 10~11

1. 다음 우리말 대화를 영어로 말해 보세요.

(1) A: 지금 사귀는 사람 있어요?
    B: 아뇨. 너무 바빠서 누굴 만날 수가 없어요.

(2) A: 걔네들 아직도 사귀니?
    B: 아니. 걔네 지난달에 헤어졌어.

(3) A: 화장하세요?
    B: 네, 하지만 진하게 하진 않습니다.

(4) A: 이 나팔바지는 어떠세요? 요즘 유행인데요.
    B: 제 취향은 아니네요.

(5) A: 어떤 스타일의 옷을 즐겨 입으세요?
    B: 전 헐렁한 옷을 좋아합니다.

2. 다음 문장 중 틀린 부분을 고쳐 보세요.

(1) I fell in love with her at first eye.

(2) I'd love go out with you.

(3) You are make for each other.

(4) I do light makeup.

Answers

1. (1) A: Are you dating someone now? B: No, I'm too busy to have a relationship.
(2) A: Are they still seeing each other? B: No, they broke up last month.
(3) A: Do you wear makeup? B: Yes, but I don't wear a lot of makeup.
(4) A: How do you like these bell-bottom pants? They're in fashion now. B: They're not my style.
(5) A: What style of clothes do you like to wear? B: I like to wear baggy clothes.

(5) She is wearing makeup right now.

(6) You're all dressing up.

3. 우리말 문장에 맞게 영어 문장의 빈칸을 완성해 보세요.

(1) 저는 그녀에게 홀딱 반해 있습니다.
I have _____.

(2) 나 수잔이랑 소개팅시켜 줄래?
Can you _____?

(3) 우리는 서로의 차이점을 극복하지 못했습니다.
We couldn't _____.

(4) 피부가 참 좋으시네요.
You have _____.

(5) 오늘은 화장이 엉망이에요.
I'm having _____.

(6) 옷을 입는 감각이 뛰어나시군요.
You _____.

Answers

2. (1) at first eye → at first sight (2) I'd love → I'd love to (3) You are make → You were made (4) do → wear (5) wearing → putting on (6) dressing up → dressed up
3. (1) a crush on her (2) fix me up with Susan (3) get over our differences (4) a very nice complexion (5) a bad makeup day (6) have good taste in clothes

옷차림에 관한 유용한 영어표현들

옷차림을 설명하는 용어는 너무나 다양해서 이를 일일이 열거하기란 사실 쉽지 않지만, 가장 많이 쓰이는 용어들을 정리해 보면 다음과 같다. 아래 나온 표현들을 I like to wear _____.(저는 _____을 입는 것을 좋아합니다)란 문장 안에 넣어서 연습해 보자.

baggy pants	헐렁한 바지
loose-fitting clothes	헐렁한 옷
comfy clothes	편안한 옷
a casual blouse	캐주얼한 블라우스
sporty clothes	스포티한 옷
fancy dresses	화려한 드레스
vintage dresses	고풍스런 드레스
old-fahisoned dresses	유행이 지난 드레스
hippie costume	히피 스타일의 복장
low-cut tops	가슴이 깊게 파진 상의
tight(-fitting) jeans	몸에 꽉 끼는 청바지
bell-bottom pants	나팔 바지
flared skirts	플레어 스커트
stylish suits	유행하는 정장
trendy shirts	유행하는 셔츠
funky shoes	특이한 신발

Chapter 4
운동 & 다이어트

12 건강
I don't feel myself.

13 체중 조절
I need to go on a diet.

14 운동
What kind of exercise do you do?

12 건강

I don't feel myself.

몸이 별로 안 좋아요.

건강이나 몸의 상태를 표현할 때는 feel이라는 동사를 잘 활용해 보자. feel은 우리말로 '느끼다'라고 해석되기 때문에, 흔히 기분을 나타내는 단어로만 생각하기 쉽다. 하지만 feel 뒤에 well, great, fine 또는 sick, terrible, tired 등을 넣으면 몸 상태를 나타내는 유용한 표현이 된다.

[대표표현]

괜찮아요?	**Are you all right[OK]?** **Are you feeling all right[OK]?**
괜찮습니다. 몸이 별로 안 좋아요.	**I'm all right[OK].** **I don't feel myself.**

Step 1 기본표현 뿌리 내리기

point 1 **상대방의 건강 묻기** ● **look** ● **all right[OK]** ⇨ 괜찮냐고 묻는 표현을 익힌다.	안색이 안 좋아 보여요. 괜찮아요?
point 2 **몸 상태 표현하기** ● **I'm ~** ● **I feel ~** ● **I'm feeling ~** ⇨ ~ 자리에 몸 상태를 나타내는 형용사를 넣는다.	괜찮습니다. 몸 상태가 좋습니다. 오늘 몸 상태가 아주 좋습니다. 몸이 아픈 것 같습니다. 몸이 아주 안 좋습니다. 몸이 별로 안 좋아요. 몸이 찌뿌드드합니다.

You don't look very well.

Are you all right[OK]?
Are you feeling all right[OK]?

I'm all right[OK].

I feel fine.

I'm feeling great today.

⇨ I feel ~과 I'm feeling ~은 서로 바꿔 쓸 수 있다.

I'm feeling sick[ill].

I'm feeling terrible.

⇨ 상황에 따라 '기분이 엉망이다'란 뜻도 될 수 있다.

I'm not feeling very well.
I don't feel myself.

⇨ not feel oneself는 '평소 자신의 몸 상태가 아니다'란 의미.

I'm under the weather.
I feel under the weather.

⇨ under the weather는 '몸 상태가 좋지 않은'이란 뜻의 관용표현이다.

Step 2 응용표현 가지 뻗기

상대방의 안색에 대해 언급하기	안색이 안 좋아 보여요.
	얼굴이 아주 안돼 보여요.
	얼굴이 창백해[아파, 피곤해] 보여요.
몸 상태를 나타내는 표현	(몸 상태가) 아주 좋습니다.
	몸이 별로 좋지 않습니다.
	약간 어지럽습니다.
피곤하다는 표현	(매우) 피곤합니다.
	녹초가 된 기분입니다.
	육체적으로[정신적으로] 피곤합니다.

You don't look too good.

You look awful[terrible].

You look pale[ill, tired].

> ⇨ 'look + 형용사'는 '~하게 보이다'란 의미.

I feel terrific[fabulous].

I'm feeling bright-eyed and bushy-tailed.

I'm feeling right as rain.

I feel like a million dollars.

> ⇨ bright-eyed and bushy-tailed는 '원기 왕성한', right as rain은 '아주 건강한'이란 뜻의 관용표현이다. feel like a million dollars [bucks](백만 달러같이 느끼다)도 비슷한 의미.

I don't feel too good.

I'm not feeling all that great.

I'm feeling a little dizzy.

> ⇨ dizzy 대신에 weak(기운이 없는), shaky(허약한) 같은 단어를 넣어 사용해 보자.

I'm (very) tired. / I feel (very) tired.

I'm exhausted. / I feel exhausted.

I feel drained physically[mentally].

> ⇨ drained는 '(기운이) 빠진'이란 의미로, drained of all energy라고 하기도 한다. '지친'이란 뜻의 관용표현으론 worn out, washed out 등이 있으며, wiped out, pooped out과 같은 속어표현도 자주 쓰인다.

감기에 관한 표현	감기에 걸렸나 봅니다.
	재채기를 (자주) 합니다.
	기침이 납니다.
	콧물이 납니다.
	콧물이 끊임없이 나옵니다.
	콧물이 많이 나옵니다.
	코를 훌쩍거립니다.
	온몸이 다 아픕니다.

응용표현 가지 뻗기 Step 2

I think I'm coming down with a cold.
I think I've caught a cold.
I think I have a cold.

⇨ come down with는 '~한 병에 걸리다'란 의미. 반면, catch는 감기나 SARS같이 유행성 질병에 걸렸다고 할 때만 쓴다.

I sneeze (a lot).
I cough.
I have a cough.

⇨ sneeze는 '재채기하다', cough는 '기침하다'란 의미.

I have a runny nose.
My nose is running.
My nose is running nonstop.
My nose is running like a faucet.
I'm sniffling.

⇨ faucet은 '수도, 수도꼭지', sniffle은 '코를 훌쩍거리다'의 의미.

I'm aching all over.
I'm achy all over.
I'm sore all over.

⇨ 우리말에 '몸살 기운이 있다'는 말도 위 표현에 해당한다. all over는 '전체적으로, 전신에서', achy는 동사 ache(아프다)의 속어적 형용사.

Step 3 실전회화 유창해지기

Challenge: 1

A: 어디 아프세요? 안색이 안 좋아 보이는데요.

B: 예, 오늘 몸이 좀 안 좋습니다. 너무 피곤하고 몸에 기운이 없어요.

A: 병원에 가 봐야 하는 것 아니에요?

B: 아뇨, 신선한 공기를 좀 마시면 괜찮을 겁니다.[1]

A: **Are you all right? You don't look very well.**

B: Actually, **I'm not feeling myself today. I'm feeling very tired and shaky.**

A: Maybe, you should go see a doctor.

B: No, I'll be fine. I just need some fresh air.

---

1 **신선한 공기를 좀 마시면 괜찮을 거다** 우리말 순서대로 If I get some fresh air, I'll be fine.이라고 해도 좋지만, if ~를 뒤로 돌려서 I'll be fine, if I get some fresh air.라고 하는 것이 더 자연스럽다. 또는 위 대화처럼 동사 need를 써서 '신선한 공기가 필요할 뿐이다'는 식으로 말한다.

A: 잭, 오늘 일찍 집에 왔네요! 어디 아파요? 왜 침대에 누워 있어요?

B: 오후에 조퇴하고 왔어요.[1] **몸이 찌뿌드드해서요.**

A: 그러면 병원에 가 봐야 하는 것 아니에요? 제가 예약을 해 놓을까요?[2]

B: 아뇨. 좀 쉬면 괜찮을 거예요.

A: Jack, you're home early today! Are you sick? Why are you lying in bed?

B: I took the afternoon off of work because **I was feeling under the weather.**

A: Maybe, you should see a doctor. Do you want me to make an appointment for you?

B: No. I'll be fine, if I just rest a little.

---

[1] **오후에 조퇴하다** 조퇴나 월차, 휴가 등을 표현할 때는 '시간을 떼어 내다'는 뜻으로 take ~ off를 쓴다. 가령, '내일 쉬다'는 take tomorrow off가 되는데, ~ off 뒤에 of work를 붙이면 '직장에서'란 의미가 첨가된다.

[2] **예약해 놓을까요?** 미용사, 의사 등 사람과 만나는 것을 '예약하다'라고 할 때는 '~와 약속을 하다'는 의미로 make an appointment를 쓴다. 그러나 식당이나 비행기 좌석 같이 자리를 예약하는 것은 '예약'이란 뜻의 reservation을 써서 make a reservation이라고 한다.

Challenge: 3

A: 저기요! 제 말 듣고 있어요?[1]

B: 미안해요. 잠깐 딴 생각을 하고 있었어요. 실은, 아무 생각도 않고 멍하니 있었어요.

A: **괜찮아요?** 혈색이 약간 안 좋은 것 같은데요.[2]

B: **괜찮아요. 좀 피곤한 것뿐이에요.** 춘곤증 때문인가 보지요 뭐.

A: Hello! Anybody home?

B: I'm sorry. I was thinking of something else. Actually, I was absent-minded.

A: **Are you all right?** You look a little off color.

B: **I'm all right. I'm just feeling a little exhausted.** It must be spring fever.

---

[1] 제 말 듣고 있어요? Are you listening? 또는 (Is) Anybody home?(집에 누구 있어요?)이란 우스개 표현을 쓴다. Penny for your thoughts!(무슨 생각하는지 알려주면 1페니 줄게요!)란 표현도 쓰인다.

[2] 혈색이 약간 안 좋은 것 같은데요 You look a little pale. 이 때 pale 대신에 off color란 표현도 쓸 수 있다.

실전회화 유창해지기 **Step 3**

Challenge: 4

A: **독감에 걸렸나 봐요.**

B: 독감이요?

A: 예, 아주 지독한 감기가 유행이에요.[1] **온몸이 아프고 어지럽기도 해요.**

B: 심각한 것 같은데요. 약은 먹었어요?

A: 예. 아스피린을 먹고 약 기운이 돌기를[2] 기다리는 중이에요.

A: **I think I'm coming down with the flu.**

B: Flu?

A: Yes, there's a nasty virus going around. **I'm aching all over, and I'm feeling a little dizzy.**

B: That doesn't sound too good. Have you taken any medicine?

A: Yes. I took some aspirin, and I'm waiting for it to start working.

---

[1] **감기가 유행이다** 패션 등이 '유행이다'라고 할 때에는 be very popular, be in vogue, be all the rage와 같은 표현을 쓰지만, 병이 '유행이다'라고 할 때에는 그런 병이 '돌아다니다'는 뜻으로 go around를 쓴다.

[2] **약 기운이 돌기를 기다리다** '~이 …하는 것을 기다리다'는 wait for ~ to …로 표현한다. '약 기운이 돌다'나 '약 효과가 나타나다'는 work 또는 kick in을 쓰는데, kick in은 '약효가 돌다'는 뜻의 속어표현. 참고로, '약이 별 효과가 없었다'는 It didn't work., It didn't help much.(별 도움이 안 됐다) 또는 It didn't do any good.(별 소용이 없었다)이라고 쓰면 된다.

미국인은 의료보험비만 한 달에 400달러

미국의 의료비가 엄청나게 비싸다는 것은 이미 잘 알려진 사실이다. 미국은 법적으로 병원이나 의사가 의료보험이나 치료비가 없다는 이유로 환자의 진료를 거부할 수 없도록 보장하고 있다. 하지만 실제로 보험이 없는 사람의 치료를 꺼리는 경우가 다반사며 심지어 응급실에 실려 간 위급환자를 보험이 없다는 이유로 방치해서 숨지게 했다는 뉴스도 가끔씩 접할 수 있다.

직장인의 경우 회사에서 본인의 의료보험은 보조해 주지만, 가족은 보조해 주지 않는 경우도 많다. 이 때는 가족보험을 따로 들어야 하는데, 1년 보험료가 많게는 1만 달러까지 나온다고 하니 실로 만만치가 않다. 보통 보험료에는 deductible 이라는 것이 있는데 '공제액'이란 뜻으로, 이는 '치료비 중에서 본인이 부담해야 하는 비용'을 뜻한다. 그런데 이 액수가 크면 상대적으로 보험료가 싸진다. 외국 유학생들이 드는 보험이 보통 이런 종류로 deductible이 80~100달러 가까이 된다. 대신에 deductible 비용이 부담되어 웬만큼 아프지 않고는 병원에 가지 않게 된다.

지역이나 의료혜택의 범위에 따라 차이가 있지만, 캘리포니아 지역을 예로 들면 4인 가족이 가족보험에 들 경우 한 달에 적어도 400달러 이상의 보험료를 부담해야 한다. 여기에 병원 치료를 받을 때마다 추가로 내야 하는 deductible까지 계산에 넣는다면 1년 의료비 지출이 상당하다는 것을 쉽게 짐작할 수 있다.

13 체중 조절

I need to go on a diet.

다이어트를 해야겠어요.

이번 Unit에선 체중 및 다이어트에 관한 표현들을 익혀 보자. 영어에선 체중도 옷처럼 '입다(put on)', '벗다(take off)'라는 표현을 쓰는 것이 재미있다.

[대표표현]

저는 다이어트중입니다.	**I'm on a diet.**
다이어트를 해야겠어요.	**I need to go on a diet.**
살 좀 찌셔야겠네요.	**You need to put on some weight.**
저는 살을 좀 빼야겠어요.	**I need to take off some weight.**

Step 1 기본표현 뿌리 내리기

point 1 **다이어트에 관한 표현** ● **be on a diet** ● **watch one's weight** ● **go on a diet** ↪ 각각의 표현을 구분해서 사용할 수 있도록 연습한다.	저는 다이어트중입니다. 저는 저탄수화물 다이어트를 하고 있습니다. 저는 체중 조절을 하고 있는 중입니다. 다이어트를 해야겠어요.
point 2 **체중이 늘다 / 줄다** ● **put on / take off** ● **gain / lose** ↪ 체중을 '입다 / 벗다', 또는 '얻다 / 잃다'라고 표현한다.	살 좀 찌셔야겠네요. 저는 살을 좀 빼야겠어요. 의사가 10파운드를 빼라더군요. 2주 동안 8파운드가 늘었습니다. 한 달 동안 10파운드가 줄었습니다. 살이 빠지신 것 같아요.

I'm on a diet.

I'm on a low-carb diet.

⇨ be on a diet는 '다이어트중이다'란 뜻. low-carb는 'low carbohydrate(저탄수화물)'의 약자로, 미국에서 최근 각광받고 있는 다이어트의 하나이다. 탄수화물 섭취를 줄이고 육류 등 고단백 식품을 주로 먹는 다이어트를 말한다.

I'm watching my weight.

⇨ watch one's weight는 본격적으로 다이어트에 돌입한 것은 아니고 '체중이 늘까 봐 주의하고 있다'는 의미.

I need to go on a diet.

⇨ go on a diet는 '다이어트를 시작하다'란 뜻이다.

You need to put on some weight.

I need to take off some weight.

My doctor told me to take off 10 pounds.

⇨ 체중이 '늘다', '줄다'는 put on(입다), take off(벗다)를 써서 표현할 수도 있다. 단, take off는 '의지를 가지고 체중을 줄이는 경우'에 주로 쓰인다.

I've gained 8 pounds in two weeks.

I've lost 10 pounds in a month.

You look like you've lost weight.

⇨ 체중이 '늘다', '줄다'는 gain(얻다), lose(잃다)를 써서 표현한다.

Step 2 응용표현 가지 뻗기

다이어트 / 체중 관련 표현	저는 한 달 동안 황제 다이어트를 하고 있습니다.
	지금은 다이어트를 안 하고 있습니다.
	다이어트를 중지했더니 체중이 다시 원래대로 늘었습니다.
몸매에 관한 표현	그녀는 너무 말랐어요.
	그녀는 뼈밖에 안 남았을 정도로 말랐어요.
	그녀는 좀 통통한 편입니다.
	아주 건강해 보이네요.
	체력이 저하된 것 같은 기분이에요.
	출산 후에 다시 몸매를 가꾸려 하고 있습니다.
	어떻게 그렇게 날씬한 몸매를 유지하세요?

I've been on the Atkins diet for a month.

I'm off the diet now.

I went off the diet and gained all the weight back.

⇨ '다이어트를 중지하다'는 go off the diet 또는 get off the diet라고 한다. 한편, be off the diet는 '현재 다이어트를 중지한 상태'를 강조한 의미이다.

She's too skinny.

She's all skin and bones.

⇨ skinny는 '매우 마른'이란 뜻으로, '날씬한'이란 의미의 slender나 slim보다 훨씬 마른 경우에 쓴다. all skin and bones(피부와 뼈가 전부인)는 '앙상하게 마른 사람'을 묘사하는 관용표현.

She's on the plump side.

⇨ '뚱뚱하다'라고 하면 흔히 fat이란 단어를 떠올리는데, 이 단어는 '너무 뚱뚱하다'란 부정적인 이미지를 담고 있으니 조심해야 한다.

You look like you're in good shape.

I feel like I'm out of shape.

I'm trying to get back in shape after having a baby.

⇨ in good shape는 '건강한, 몸매가 좋은'이란 뜻이고, 반대로 out of shape는 '힘이 달리는, 체형이 망가진'의 의미이다. out of shape 상태에서 '다시 탄탄한 몸매로 되돌아가는 것'은 get back in shape라고 하면 된다.

How do you manage to stay so thin?

⇨ 'stay + 형용사'는 '~한 상태로 계속 남아 있다'란 뜻으로, stay fit, stay in shape 등의 형태로 자주 사용된다. 이때의 stay는 keep과 바꿔 쓸 수 있다.

Step 3 실전회화 유창해지기

Challenge: 1

A: 다 먹은 거예요?[1] 거의 다 남겼네요.[2]

B: **다이어트중이에요. 의사가 체중을 줄이래요.** 그래서 먹는 양을 조절하고 있어요.[3]

A: 그렇지만 뭘 먹긴 해야죠.

B: 남은 음식은 종업원에게 싸달라고 해서 나중에 먹을 테니까, 걱정 마세요.

A: Are you finished with your food? You've hardly touched it.

B: **I'm on a diet. My doctor told me to lose weight.** So, I'm trying to limit my portions.

A: But you have to eat something.

B: I'll ask the waiter to wrap it up, and I'll eat it later. So, don't worry.

---

[1] **다 먹은 거예요?** 우리말식으로 표현하면 Have you finished eating?(먹는 것을 끝냈습니까?)이 되지만, 이는 '먹는 동작을 끝냈냐'고 물어보는 말이라서 어색하다. 이 때는 be finished with ~(~을 끝내다)라는 표현을 쓰면 좋다. Are you finished with your ~? 뒤에 homework(숙제), report(보고서)와 같은 말을 넣어 연습해 보자.

[2] **거의 다 남겼다** ~ hardly touched your food(음식에 거의 손을 안 댔다)라고 표현한다. 우리말식으로 You left almost all of the food.와 같이 말하면 콩글리시가 된다.

[3] **먹는 양을 조절하다** '먹는 양, 음식 양'은 portion이라고 한다. '조절하다'는 control을 쓰거나, '제한하다'란 뜻의 limit를 써도 좋다.

A: 야! 굉장히 날씬해진 것 같아요.[1] 몸무게가 줄었나요?

B: 예. **2주 만에 15파운드가 빠지고,** 허리둘레가 2인치가 줄었어요.[2]

A: 대단하군요! 어떻게 했어요?

B: 누가 '차 다이어트'를 권해서 해 봤어요.[3] 효과가 있는 것 같네요.[4]

A: Wow! You look a lot thinner. Have you lost weight?

B: Yes. **I've lost 15 pounds** and two inches off my waistline in two weeks.

A: That's great! How did you do it?

B: I tried a 'tea diet' someone recommended. It seems to be working.

---

[1] **날씬해진 것 같아요** 어떤 것을 눈으로 보고 '~ 같아요'라고 할 때는 'look + 형용사' 구문이 효과적이다. thinner는 thin(날씬한, 얇은)의 비교급. You look ~ 뒤에 worried(근심스런), gorgeous(아주 멋진), tired(피곤한)와 같은 다양한 형용사를 넣을 수 있다.

[2] **허리둘레가 2인치 줄다** '허리둘레가 줄어드는 것'도 체중과 마찬가지로 lose란 동사를 쓴다.

[3] **~을 권해서 해 봤다** '~을 해 보다'는 간단히 try를 쓰면 된다.

[4] **~인 것 같다** I를 주어로 I think (that) ~ 구문을 쓰거나, It을 주어로 It seems to ~(~인 것 같다) 구문을 써서 표현한다.

'허리 군살'과 '똥배'를 나타내는 영어표현

love handles

love handles는 '사랑의 손잡이'가 아니라 '허리 주위에 불거져 나온 군살'을 가리키는 표현이다. 사람들이 결혼 후에 허리가 굵어지는 것을 생각하면 쉽게 연상할 수 있다.

I work out all the time, but I can't get rid of the **love handles** around my waits.
거의 매일 운동을 하는데도 허리의 군살은 뺄 수가 없어요.

spare tire

'허리 군살'은 love handles 대신에 spare tire란 표현을 쓰기도 한다. 허리에 타이어를 두르고 다니는 모습을 연상시키는 표현으로, 동사는 '가지고 있다'는 뜻의 have 또는 '가지고 다니다'는 뜻의 carry를 쓴다.

I'm out of shape, and I **have a spare tire** around my midsection.
몸매도 엉망이고 허리에 군살이 있어요.

beer belly

'똥배'는 영어로 beer belly라고 한다. 맥주를 많이 마시면 배가 나온다는 속설에서 나온 표현이다. 그런데 과학적으로 beer와 beer belly 사이엔 상관관계가 없다고 한다. 세계에서 일인당 맥주 소비량이 가장 높은 국민은 체코인들(the Czechs)이라고 하는데, 이들을 대상으로 한 조사에서 맥주와 비만(obesity) 사이에 상관관계가 거의 없음이 밝혀졌다고.

I want to lose my **beer belly**. What's the best way to do it?
똥배를 없애고 싶은데, 가장 좋은 방법은 무엇인가요?

14 운동

What kind of exercise do you do?

어떤 운동을 하세요?

미국에서나 한국에서나 운동은 가장 인기 있는 대화 주제 중 하나이다. 그런데 운동에 관한 영어표현은 잘 모르거나 잘못 알고 있는 경우가 많다. 이번 Unit에서는 조깅, 줄넘기 등 일상적인 운동들의 영어표현들과 러닝머신, 농구, 야구, 당구 등의 올바른 영어표현들을 익혀 본다.

[대표표현]

어떤 운동을 하세요?	**What kind of exercise do you do?**
조깅을 합니다.	**I jog.**
체육관에서 역기운동을 합니다.	**I lift weights at the gym.**
집에서 윗몸 일으키기를 합니다.	**I do sit-ups at home.**

Step 1 기본표현 뿌리 내리기

point 1
간단한 운동표현

- **jog / swim / lift weights**
- **do ~**

⇨ 주위에서 가장 많이 하는 운동들의 영어표현을 익혀 보자.

어떤 운동을 하세요?

조깅을 합니다.

수영을 합니다.

체육관에서 역기운동을 합니다.

집에서 윗몸 일으키기를 합니다.

하루에 팔굽혀 펴기를 30개씩 합니다.

매일 30분씩 러닝머신을 합니다.

point 2
운동하다

- **exercise**
- **work out**

⇨ 미국에서는 exercise보다 work out을 더 즐겨 사용한다.

저는 일주일에 두 번 정도 운동합니다.

저는 헬스클럽에서 매일 운동합니다.

그녀는 저와 운동을 같이 하는 친구입니다.

What kind of exercise do you do?

I jog.

I swim.

I lift weights at the gym.

⇨ 여기서 weight는 '체중'이 아니라 '역기'를 가리킨다. gym은 gymnasium(체육관)의 약자.

I do sit-ups at home.

I do 30 push-ups a day.

I do the treadmill for 30 minutes everyday.

⇨ 윗몸 일으키기, 팔굽혀 펴기, 러닝머신 등을 하는 것은 동사 do를 써서 표현한다. '러닝머신'의 올바른 영어표현은 treadmill.

I exercise about twice a week.

I work out at a club everyday.

⇨ exercise나 work out 모두 '운동하다'라는 뜻이지만, 미국인들은 work out을 더 자주 쓴다.

She's my work-out buddy.

⇨ work-out partner, work-out buddy는 '운동을 같이 하는 친구'.

Step 2 응용표현 가지 뻗기

자신이 하는 운동을 설명할 때	에어로빅을 합니다. 하루에 100개씩 줄넘기를 합니다. 매일 30분씩 고정식 자전거를 탑니다. 스트레칭과 준비운동부터 시작합니다.
운동에 관해 묻고 대답하기	어떤 스포츠를 좋아하세요? (운동)하는 것을 좋아하세요, 보는 것을 좋아하세요? 학교 팀에서 하십니까, 취미로 하십니까?
	저는 야구를 가장 좋아합니다. 저는 모든 종류의 스포츠를 좋아합니다. 저는 스포츠는 좋아하지 않습니다.
	보는 걸 좋아합니다. 둘 다 좋아합니다.

I'm in an aerobics program.

I jump rope 100 times a day.

I ride a stationary bike for 30 minutes each day.

I start with stretching and a warm-up exercise.
⇨ start with는 '~에서 시작하다, ~부터 하다'의 의미.

What kind of sports do you like?

Do you like to play or to watch?

Do you play for school or just for fun?

I like baseball the most. ⇨ like ~ the most는 '~을 가장 좋아하다'.

I like all kinds of sports.

I don't like sports.

I'm not much of a sports fan.

I'm not a sports person.
⇨ be not much of a ~는 '별로 ~인 사람이 아니다', 즉 '~을 별로 좋아하지 않다'란 뜻이다.

I like to watch.

Both.

go -ing를 써서 운동하러 가자는 표현	수영하러 가죠.
	골프 치러 갑시다.
	다음 일요일에 낚시하러 갑시다.
'go (to) 동사원형'을 써서 운동하러 가자는 표현	나가서 몇 바퀴 돕시다.
	나가서 농구나 합니다.
	가서 당구 칩시다.
	나가서 야구 볼 받기나 합시다.

응용표현 가지 뻗기 Step 2

Let's go swimming.

Let's go golfing.

Let's go fishing next Sunday?

⇨ 운동 중에서 swim이나 fish, golf, cycle 등을 '하러 가다'는 go -ing를 써서 표현한다.

Let's go run some laps.

⇨ '~하러 가다'는 Let's go 뒤에 to부정사를 써야 하나, 회화에서는 흔히 to를 생략하고 바로 동사원형이 온다. lap은 수영이나 달리기에서 '한 바퀴'를 가리킨다.

Let's go shoot some hoops.

⇨ play basketball은 '농구경기를 하다'란 말이고, 농구 골대에 공 던지는 연습을 하는 것은 shoot some hoops란 표현을 쓴다.

Let's go play pool.

⇨ '당구 치다'를 미국에서는 play pool이라고 한다.

Let's go throw some balls.

⇨ 정식 야구경기가 아니라 친구와 '공을 주고받는 수준'이라면 throw some balls란 표현을 쓴다.

Step 3 실전회화 유창해지기

Challenge: 1

A: 어떤 운동을 하세요?

B: 자전거 타고, 조깅하고, 수영하고, 헬스클럽에서 역기도 들고[1] 학교 대표로 조정도 합니다.

A: 운동을 많이 하시는군요.[1] 그 모든 것을 할 힘이 어디서 생기나요?

B: **그냥 저는 운동하는 것이 좋습니다.** 자신감도 생기고[2] 건강도 유지할 수 있지요.[3]

A: **What kind of exercise do you do?**

B: **I bike, jog, swim, lift weights at the gym,** and I also row for school.

A: You're quite athletic. I wonder where you find the energy to do all that.

B: **I just like working out.** It makes me feel good about myself and keeps me in shape, too.

---

[1] **운동을 많이 하다** 이 표현은 영어로도 do a lot of exercise[work-out] 또는 exercise[work out] a lot이라고 한다. 또는 athletic(운동선수다운, 운동을 좋아하는)이라는 형용사를 써 보자.

[2] **자신감이 생기다** feel confident about oneself(자신에 대하여 확신을 느끼다)라고 하거나, feel good about oneself(자신에 대하여 좋게 느끼다)라고 표현한다.

[3] **건강을 유지하다** '건강한'이란 뜻의 in shape, fit 등을 동사 keep이나 stay와 함께 써서, keep in shape, stay fit처럼 표현한다.

A: 텔레비전 보는 것이 지겹네요.[1] **농구나 하러 가죠!**

B: 아뇨, 밖이 너무 추워요. 뭔가 실내에서 할 수 있는 것을 생각해 보죠.[2]

A: 그러면, **파크뷰 호텔에서 당구 치고** 맥주나 마시는 건 **어때요?**

B: 그래요, 좋은 생각이에요.

A: I'm bored of watching television. **Let's go shoot some hoops!**

B: No, it's too cold out there. Let's think of something we can do indoors.

A: Then, **why don't we go play pool at the Parkview Hotel** and have a few beers?

B: Yeah, that's a good idea.

[1] ~하는 것이 지겹다 be bored of -ing 또는 be tired of -ing를 쓴다.

[2] ~을 생각해 보다 think of ~를 쓰면 된다.

Review Units 12~14

1. 다음 우리말 대화를 영어로 말해 보세요.

(1) A: 오늘 기분이 어때요?
B: 아주 좋습니다.

(2) A: 감기에 걸렸나 봐요. 콧물이 나고, 재채기를 해요.
B: 그러면 하루 정도 쉬시지 그러세요.

(3) A: 다시 운동을 시작했나요?
B: 예, 다시 몸매를 가꿔야겠어요.

(4) A: 살이 빠지신 것 같아요.
B: 예, 한 달 동안 황제 다이어트를 하고 있어요.

(5) A: 어떤 운동을 하시나요?
B: 그냥 걷습니다. 오래 걷는 것을 좋아하거든요. 몸매를 유지하는 데 도움이 되죠.

2. 다음 문장 중 틀린 부분을 고쳐 보세요.

(1) You don't look very great.

(2) I feel on the weather.

(3) The doctor told me to put off some weight.

Answers

1. (1) A: How are you feeling today? B: I'm feeling right as rain.
(2) A: I think I've caught a cold. I have a runny nose, and I'm sneezing. B: Why don't you take a day off, then?
(3) A: Have you started exercising again? B: Yes, I need to get back in shape.
(4) A: You look like you've lost weight. B: Yes, I've been on the Atkins diet for a month.
(5) A: What kind of exercise do you do? B: I just walk. I like long walks. They help me keep in shape.

(4) I'm on diet.

(5) Let's go shoot pool.

(6) Let's go swim.

3. 우리말 문장에 맞게 영어 문장의 빈칸을 완성해 보세요.

(1) 몸 상태가 별로 안 좋습니다.
   I'm not feeling _____.

(2) 온몸이 아픕니다.
   I'm _____.

(3) 당신은 너무 말랐어요.
   You are _____.

(4) 몸매가 망가진 것 같아요.
   I feel like I _____.

(5) 저는 스포츠는 별로 좋아하지 않습니다.
   I'm not much _____.

(6) 나가서 농구나 합니다.
   Let's go _____.

Answers

2. (1) very great → very well **(2)** on the weather → under the weather **(3)** put off → put on 또는 take off **(4)** on diet → on a diet **(5)** shoot pool → play pool **(6)** go swim → go swimming
3. (1) very well 또는 myself **(2)** aching all over 또는 achy all over 또는 sore all over **(3)** too skinny 또는 all skin and bones **(4)** am out of shape **(5)** of a sports fan **(6)** shoot some hoops

미국 사람들은 어떤 다이어트를 할까?

미국 인구의 1/3 이상이 과체중(overweight)이나 비만(obesity)에 시달리고 있다고 하는데, 실제로 미국 거리에 나가 보면 비행선(blimp)같이 뚱뚱한 사람들을 많이 볼 수 있다.

따라서 미국인들은 운동과 더불어 체중 조절(weight control)이나 체중 감량(weight loss)에 관심이 많다. TV를 틀면 각종 체중 감량 프로그램(weight loss program) 광고가 쏟아져 나오고, 시중에는 각종 다이어트 방식이 유행한다.

그 중에서도 Weight Watchers나 Jenny Craig가 가장 널리 알려진 체중 감량 프로그램이다. 이런 프로그램들을 신청하게 되면, 체중 조절 상담과 함께 미리 포장된 다이어트 식품(prepackaged diet foods)을 보내주며, 보통 300달러 이상의 가입비와 주당 70~80달러 가량의 비용이 든다.

다이어트의 종류로는 저탄수화물 다이어트(low-carb diet), 저지방 다이어트(low-fat diet) 등 식사량 자체를 조절하는 방식이 있고, 식사량은 적게 하되 저지방의 생선이나 닭고기의 섭취를 권장하는 저탄수화물 고단백 다이어트(low-carb, high-protein diet)가 있다. 최근에는 특히 후자가 큰 관심을 끌고 있는데, 일명 '황제 다이어트'로 불리는 애킨스 다이어트(the Atkins diet)나 사우스 비치 다이어트(the South Beach diet)가 그 대표적인 예들이다.

Chapter 5
일상 업무

15 은행에서
I'd like to open a savings account.

16 우체국에서
I'd like to send this first class.

17 세탁소에서
I'd like this dry-cleaned and pressed.

18 이발소/미용실에서
I'd like to get a haircut.

15 은행에서

I'd like to open a savings account.

예금계좌를 개설하려고 합니다.

은행에서 쓰는 용어는 전문적인 것도 많지만, 일상생활과 밀접해서 꼭 알아둬야 할 용어들도 많이 있다. 가장 일상적인 것은 '계좌를 개설하고, 해지하고, 입금하고, 인출하는' 일이다. 이 외에 현금카드, 비밀번호, 금리 등의 영어표현을 알아두면 은행을 이용하는 데 큰 어려움이 없을 것이다.

[대표표현]

뭘 도와드릴까요? **May I help you?**

예금계좌를 개설하려고 합니다.
I'd like to open a savings account.

수표계좌를 개설하려고 합니다.
I want to open a checking account.

Step 1 기본표현 뿌리 내리기

point 1
계좌의 개설 및 해지

- **open**
- **close**

⇨ 은행계좌를 '개설하는' 것은 open, 반대로 '해지하는' 것은 close 동사를 쓴다.

뭘 도와드릴까요?

어떻게 오셨나요?

예금계좌를 개설하려고 합니다.

수표계좌를 개설하려고 합니다.

예금계좌를 해지하려고 합니다.

7월 20일자로 제 수표계좌를 해지해 주십시오.

---

point 2
은행 업무를 나타내는 동사표현

- **deposit**
- **withdraw / take ~ out**
- **send / wire**

⇨ '입금하다, 인출하다, 송금하다'의 영어표현을 익힌다.

이 수표를 제 예금계좌에 입금하고 싶습니다.

제 수표계좌에서 돈을 인출하려고 합니다.

은행에 들러서 돈을 찾아야 합니다.

해외 송금을 하려고 하는데요.

뉴욕으로 송금하려고 합니다.

May I help you? / Can I help you?

I can help you here.

I'd like to open a savings account.

I want to open a checking account.

I want to close my savings account.

Please close my checking account as of July 20.

⇨ savings account는 '예금계좌', checking account는 '수표계좌'를 가리킨다. as of는 '~ 날짜로(부터)'.

I'd like to deposit this check into my savings account.

I'd like to withdraw some money from my checking account.

I have to stop at the bank to take out some money.

⇨ '입금하다'는 deposit, '인출하다'는 withdraw 또는 take ~ out을 쓴다.

I'd like to send some money overseas.

I'd like to wire some money to New York.

⇨ '송금하다'는 send 또는 wire를 써서 표현한다.

Step 2　응용표현 가지 뻗기

계좌 종류에 대해 물어보기	수표계좌에는 어떤 종류가 있습니까? 예금계좌에는 어떤 종류가 있습니까?
특정 계좌에 대해 물어보기	이 계좌에는 이자가 붙습니까? 이 계좌의 금리는 얼마입니까? 이 계좌에는 수수료가 있습니까? 입출금에 대한 수수료가 있습니까?
은행카드에 대해 물어보기	현금카드를 발급 받을 수 있을까요? 직불카드를 신청하려고 합니다. 이 카드는 연회비가 있습니까? 현금지급기를 이용할 때 수수료가 있나요?
은행 창구나 ATM에 자주 나오는 표현	수표 뒷면에 이서해 주세요. 비밀번호를 눌러 주세요.

What kinds of checking accounts do you have?

What types of savings accounts do you have?

⇨ 어떤 것의 종류를 물을 때는 What kinds of ~?, What types of ~?, What sorts of ~? 등의 표현을 쓴다.

Will I earn interest on this account?

Does this account pay interest?

What's the interest rate on this account?

Is there a service charge for this account?

Are there service fees for making deposits or withdrawals?

⇨ '수수료'는 service fee 또는 service charge라고 하고, '입금하다', '출금하다'는 make a deposit, make a withdrawal이라고 한다.

Can I get an ATM card?

I'd like to apply for a debit card.

Is there an annual fee for the card?

Do you charge for ATM transactions?

⇨ ATM은 Automatic Teller Machine의 약자로, teller란 '은행의 입출금 담당 직원'을 가리키는 말이다. transaction은 '거래'의 의미.

Would you endorse it on the back, please?

Enter your PIN here.

⇨ endorse는 '이서하다', PIN은 Personal Identification Number 의 줄임말로, 은행이나 신용카드 등에서 사용하는 '비밀번호'를 가리킨다.

Step 3 실전회화 유창해지기

Challenge: 1

A: **수표계좌를 개설하려고 합니다.**

B: 그러세요. 저희 은행과 전에 거래를 하신 적이 있습니까?[1]

A: 아뇨. 이번이 처음입니다.

B: 예, 상관없습니다. 그럼 먼저 몇 가지 좀 물어보겠습니다. 한 달에 수표는 몇 장이나 쓰실 것으로 생각하십니까?[2]

A: **I'd like to open a checking account.**

B: Certainly. Have you had an account with us before?

A: No, this is my first time.

B: No problem. Let me ask you a few questions first. How many checks do you expect to write a month?

---

[1] **저희 은행과 전에 거래를 하신 적이 있습니까?** '~와 거래하다'는 일반적으로 do business with ~라고 한다. 따라서 Have you *done business with* us before?라고 해도 말은 통한다. 그렇지만 이 경우는 '전에 저희 은행에 계좌를 가진 적이 있습니까?'란 질문이므로 Have you had an account with us before?라고 물어보는 것이 더 적합하다.

[2] **한 달에 수표는 몇 장이나 쓰실 것으로 생각하십니까?** 이 경우는 expect to(~라고 예상하다)라는 표현을 쓰면 좋다. '수표를 끊다'는 write checks라고 표현한다.

A: 체크카드도 신청하시겠어요?

B: 직불카드와 같은 건가요?

A: 예. 현금카드와 직불카드가 같이 있는 겁니다.[1]

B: 그 카드를 사용하는 데 수수료가 있습니까?

A: 아뇨, 무료입니다. 그리고 원하시면 초과인출보호 서비스도 해 드립니다.[2]

A: Would you like to apply for a check card, too?

B: Is it the same as a debit card?

A: Yes. It's an all-in-one ATM and debit card.

B: Is there a service fee for this card?

A: No, it's free. We also offer optional overdraft protection for the card.

---

[1] **~이 같이 있다** 여러 기능이나 제품이 하나로 통합된 경우엔 all-in-one(하나에 모두 담긴)이란 형용사를 쓴다.

[2] **원하시면 초과인출보호 서비스도 해 드립니다** '원하시면'은 if you want라고 하면 되지만, '선택적인'이란 뜻의 형용사 optional을 쓸 수도 있다. '초과인출보호 서비스'는 overdraft protection이라고 한다.

Challenge: 3

A: 제 예금수표계좌를 해지하려고 합니다.

B: 해지하시려는 특별한 이유가 있으십니까?[1]

A: 예, 다른 주로 이사를 가게 돼서요.[2]

B: 알겠습니다. 그러면 이 양식을 기재해 주시겠어요?

A: I'd like to close my savings and checking account.

B: Is there any particular reason for wanting to close the account?

A: Yes, I'm moving to a different state.

B: I see. Then, would you fill this form out?

---

[1] **특별한 이유가 있으십니까?** 우리말 그대로 하면 Do you have any particular reason?이 되는데, 위에서는 더 구체적으로 for wanting to close the account(계좌를 해지하길 원하는)란 말까지 붙이는 것이 자연스럽다.

[2] **다른 주로 이사를 가게 돼서요** '이사 가다'는 동사 move를 쓰는데, '집이나 건물로 이사 가다'는 move into ~라고 하고 '어떤 지역으로 이사 가다'는 move to ~라고 한다. 가령, '그녀는 지난 주에 아파트로 이사 갔다'는 She *moved into* an apartment.라고 표현한다.

미국 은행은 입금하는 데도 수수료를 낸다

미국의 은행이 우리와 가장 크게 다른 점은 계좌를 개설하고 유지하는 데 수수료를 지불해야 한다는 점이다. '은행에 돈을 갖다 주는데 무슨 수수료를 내냐?'고 의아해 하겠지만, 미국에선 계좌를 개설하고 유지하는 것도 일종의 서비스로 본다. 따라서 예금 인출, 현금카드의 사용, 수표 결제는 물론이고, 입금시에도 수수료가 붙는다. 수수료를 물지 않기 위해선 소위 minimum balance라고 해서 계좌에 항상 일정액 이상의 돈을 잔액으로 남겨둬야 한다.

은행 계좌의 종류

크게 저축용의 savings account와 수표 발행에 사용되는 checking account가 있다. checking account는 개인수표(personal check)를 발행하는 계좌로, 미국 성인이라면 누구나 은행에 이 checking account를 가지고 있다. 미국인들은 물건을 사거나 각종 공공요금을 지불할 때는 물론, 월세나 학원비 등 개인 용도로도 수표를 사용할 수 있다.

check card

checking account를 개설하면 종이로 된 수표책(checkbook) 외에 요즘은 check card라는 것을 발급해 준다. 이 카드는 ATM card(현금카드)와 debit card(직불카드)의 기능을 겸하기 때문에, 이 카드로 ATM에서 현금 인출, 예금 이체, 수표용으로 다양하게 사용할 수 있다. 신용카드는 한 달 후에 대금이 청구되지만, 개인수표나 check card, debit card 등은 자신의 은행계좌에서 대금이 바로바로 빠져나가기 때문에 통장 잔고를 미리미리 체크해 두어야 한다.

수표를 기입하는 방법

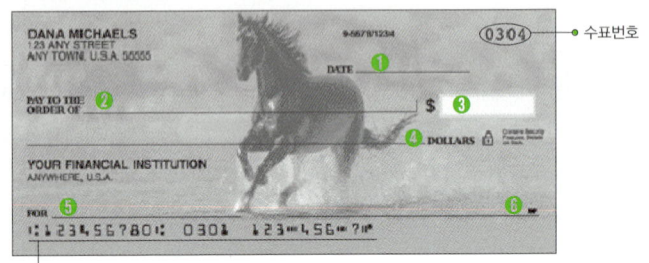
→ 수표번호

● 은행번호 및 계좌번호

❶ DATE _____

날짜를 기록한다. 미국에선 월/일/연도 순으로 기입한다. 가령, 2004년 5월 7일은 05/07/2004, 5/7/04, 또는 May 7, 2004라고 표시한다.

❷ PAY TO THE ORDER OF _____

수표를 받을 사람이나 기관의 이름을 기입한다.

❸ $ _____

수표액을 아라비아 숫자로 기입한다. 가령, 75달러 38센트는 75^{38}이라고 적는다. 숫자는 네모칸 왼쪽에 바짝 붙여 적어야 나중에 다른 사람이 앞에 숫자를 덧붙여 적는 사기를 막을 수 있다.

❹ _____ **DOLLARS**

달러는 글자로 풀어 적고 센트는 백분율로 표시한다. 예를 들어, 75달러 38센트는 Seventy Five and 38/100이라고 적는다.

❺ FOR _____

수표의 용도를 적는다. 가령, Rent for October(10월 월세), Gas(가스요금)와 같이 적으면 된다. 안 써도 되지만 수표가 다른 용도로 사용되는 것을 막을 수 있다.

❻ 마지막으로 오른쪽 하단 서명란에 사인하면 된다.

16 우체국에서

I'd like to send this first class.

이것을 일반우편으로 보내려고 합니다.

이번 Unit에서는 우체국에 가서 편지나 소포를 부치는 데 필요한 영어표현을 알아보자. '일반우편', '빠른우편' 등의 영어표현과 함께, 우편 요금이 얼마인지 묻는 표현 등을 익힌다. 참고로 미국의 우체국은 USPS(United States Postal Service)라고 한다.

[대표표현]

어떻게 보내시겠어요? **How do you want it sent?**

이것을 일반우편으로 보내고 싶습니다.
I'd like to send this first class.

이것을 빠른우편으로 보내고 싶습니다.
I'd like to send this priority mail.

Step 1 기본표현 뿌리 내리기

point 1
우편 서비스의 종류

- **first class**
- **priority mail**
- **express mail**

⇨ 우편 배달의 종류를 등급별로 구분한다.

어떻게 보내시겠어요?

이것을 일반우편으로 보내고 싶습니다.

이것을 빠른우편으로 보내고 싶습니다.

이것을 특급우편으로 보내고 싶습니다.

이것을 등기우편으로 보내고 싶습니다.

이것을 국제특급우편으로 보내고 싶습니다.

point 2
우편물을 부칠 때

- 내가 **send**
- 우편물이 **go**

⇨ '~을 보내고 싶다'는 표현을 나(I)와 우편물을 주어로 해서 각각 표현해 본다.

이것을 일반우편으로 보내고 싶습니다.

How do you want it sent?

⇨ '어떤 우편으로 보내겠냐?'는 질문. 'want + 목적어 + 과거분사' 문형은 흔하지만, 우리나라 사람들이 회화에서 잘 활용하지 못하는 것 중 하나이다. 익숙해질 때까지 여러 번 반복 연습해 보자.

I'd like to send this first class.
I'd like to send this priority mail.
I'd like to send this express mail.

⇨ 미국 USPS의 우편배달 등급은 first class, priority, express 등의 3단계로 되어 있다. first class는 '일반우편' priority mail은 보통 1~3일 정도 걸리는 '빠른우편', express mail은 다음 날 배달되는 '특급우편'을 가리킨다.

I want to send this registered mail.
I need to send this global express mail.

⇨ registered mail은 '분실을 예방하기 위한 등기우편'이고, 국제우편은 priority와 express 중에서 선택할 수 있다.

I need to send this first class.
I need this to go first class.
This needs to go first class.

⇨ '보내는 사람'이 주어이면 send를 쓰고, '우편물'이 주어이면 go를 쓴다. '~우편으로'라고 할 때 by first class처럼 전치사 by를 써도 되지만, 보통은 by를 생략한다.

Step 2 응용표현 가지 뻗기

우편 요금과 배송 시간을 물어볼 때	이거 부치는 데 우편 요금이 얼마인가요?
	(도착하는 데) 얼마나 걸릴까요?
우표를 살 때	우표를 한 묶음 사려고 합니다. 우표책 하나 주세요.
소포를 찾고자 할 때	소포 찾으러 왔습니다.
우체국 직원이 묻는 표현	어디로 가는 겁니까? 얼마나 빨리 도착하기 원하세요? 보험에 드시겠어요?
	그 밖에 더 필요한 것 있으세요?

Could you tell me how much postage this needs?
How much postage does this need?
Could you tell me how much postage I need for this?
How much postage do I need for this?

⇨ '우편 요금'은 postage라고 한다. Could you tell me ~?를 붙여 말하는 것이 더 공손하다.

How long will it take (to get there)?

⇨ get there는 '거기에 도착하다'.

I'd like (to buy) a roll of stamps, please.
Can[Could] I get a book of stamps, please?

⇨ a roll of stamps는 '롤로 말려진 우표', a book of stamps는 '책으로 된 우표', a sheet of stamps는 큰 종이 한 장에 여러 개의 우표가 인쇄되어 있는 것을 말한다.

I'm here to pick up a package.

Where is it going?
How fast do you want it to get there?
Do you want that insured?

⇨ want that insured는 '동사 + 목적어 + 과거분사'의 형태로 '그것이 보험이 들어지기를 원하다'의 의미.

(Do you need) Anything else? / Will that be all?

Step 3 실전회화 유창해지기

Challenge: 1

A: 이것을 국제특급우편으로 부치려고 합니다.

B: 예. 이 양식들을 작성해 주십시오.[1] 여기에 소포 내용물의 가격을 적고 밑에 서명을 하세요. **어디로 가는 소포인가요?**

A: 한국이요.

B: **보험에 드시겠어요?**

A: 아니오, 비싼 물건[2]이 아닙니다.

A: **I need this to go by global express mail.**

B: OK. You have to fill out these forms. Put down the value of the item in the package here and sign at the bottom. **Where is it going?**

A: South Korea.

B: **Do you want that insured?**

A: No, it's not an expensive item.

---

[1] **양식을 작성하다** 각 항목을 채워 넣는 것이므로 fill out(문서 등의 여백을 메우다)이란 표현을 쓴다.

[2] **물건** '물건'은 item이란 단어를 쓴다.

A: 이거 시카고로 가는 우편물인데요, **화요일까지 도착했으면 하는데,**[1] 어떻게 하면 되나요?[2]

B: 특급우편으로 부치세요. 내일 오후까지 도착할 겁니다.

A: 그렇게 하지요. 우편물 배달 상황을 확인할 수 있습니까?[3]

B: 예. 영수증에 식별번호가 적혀 있습니다. 번호를 이용해서 인터넷이나 전화로 배달 상황을 확인하실 수 있습니다.

A: This is going to Chicago, and **I need it to get there by Tuesday.** What would you recommend?

B: You can send it express mail. It'll get there tomorrow afternoon.

A: All right. Would I be able to track it?

B: Yes. Your receipt will have a tracking number. You can use it to track your mail on-line or by phone.

---

[1] **화요일까지 도착했으면 한다** I need ~ to ...(~이 ...하기를 원하다)는 표현을 사용한다.

[2] **어떻게 하면 되나요?** 우리말식으로 하면 What should I do?가 되는데, 이 말은 곤란한 지경에 빠져서 해결책을 구할 때 쓰는 말이다. 위 상황은 상대방에게 어떤 아이디어나 제안을 요청하는 것이므로, What would you recommend?(무엇을 제안하십니까?)라고 묻는다.

[3] **배달 상황을 확인하다** '배달 상황을 확인하다'는 영어로는 '추적하다'란 뜻의 track이란 동사를 쓴다.

Review   Units 15~16

1. 다음 우리말 대화를 영어로 말해 보세요.

(1) A: 수표계좌를 개설하려고 합니다.
    B: 네. 수표를 많이 끊으실 겁니까?

(2) A: 이 계좌는 수수료가 있습니까?
    B: 아뇨, 500달러의 잔고만 유지하시면 없습니다.

(3) A: 이거 부치는 데 요금이 얼마나 드나요?
    B: 어떻게 부치실 건데요?

(4) A: 어떻게 오셨습니까?
    B: 이것을 특급우편으로 보내 주세요.

2. 다음 문장 중 틀린 부분을 고쳐 보세요.

(1) I'd like to apply to a credit card.

(2) Does this account earn interest?

(3) I'd like to cancel my savings account.

(4) How fast do you want to send it?

(5) Do you want to insure it?

Answers

1. **(1) A:** I'd like to open a checking account. **B:** Sure. Do you expect to write many checks?
(2) A: Is there a service fee for this account?
B: No, not as long as you keep a minimum balance of 500 dollars.
(3) A: Could you tell me how much postage I need for this? **B:** How do you want it sent?
(4) A: How may I help you? **B:** I'd like to send this express mail.

3. 우리말 문장에 맞게 영어 문장의 빈칸을 완성해 보세요.

(1) 현금지급기 이용시 수수료가 있습니까?
Do you _____?

(2) 이 계좌는 이자가 붙습니까?
Will I _____?

(3) 예금계좌에는 어떤 종류가 있습니까?
What _____?

(4) 이것을 등기우편으로 보내 주세요.
This needs _____.

(5) 이것을 일반우편으로 보내려고 합니다.
I need _____.

Answers

2. (1) apply to → apply for (2) earn → pay (3) cancel → close (4) want to send it → want it to get there (5) want to insure it → want it insured
3. (1) charge for ATM transactions (2) earn interest on this account (3) kinds[types] of savings accounts do you have (4) to go registered mail (5) this to go first class 또는 to send this first class

우체국이 쉬면 미국 경제는 올 스톱

인터넷의 발전으로 우편 업무는 소위 '달팽이 우편(snail mail)'으로 비하되며 큰 변화를 겪고 있지만, 지금도 여전히 미국에서는 우편 배달이 없는 생활은 상상하기 힘들다.

기업은 우편을 통하여 일반 소비자들에게 제품 홍보물을 보낸다. 이러한 홍보물은 일반인들에게는 '쓰레기 우편물(junk mail)'이라 하여 귀찮은 존재로 취급 받기도 하지만, 미국 전체 우편물의 절반이 junk mail이라고 하니 junk mail과 미국의 우편 업무는 공생관계에 있다고 볼 수 있다.

반대로 소비자들은 각종 비용과 대금을 지불하기 위하여 개인수표를 끊어서 우편으로 발송한다. 인터넷 뱅킹의 등장으로 클릭 한 번이면 손쉽게 대금을 결제할 수 있는 세상이 되었지만, 아직도 많은 사람들이 전화, 케이블 TV요금에서 신용카드 결제까지 개인수표를 끊어서 우편으로 보내고 있다. 이렇게 미국에서는 우편 업무가 대금 결제의 중요한 창구 역할을 하고 있기 때문에, 우편 배달이 정지될 경우 미국의 경제가 올 스톱할 것이란 말은 결코 과장이 아니다.

따라서 미국 사람들은 우리들보다 우표를 구입하고 사용하는 빈도가 훨씬 높다. 미국에서 처음 생활하는 한국인들은 우편으로 수표를 부치는 것에 대하여 매우 불안해한다. 그러나 몇 달 지나면 수표를 봉투에 넣어 우편으로 부치는 일이 자연스러워질 것이다.

17 세탁소에서

I'd like this dry-cleaned and pressed.

이거 드라이클리닝하고 다림질해 주세요.

미국인들도 우리나라처럼 바쁜 직장인들이나 특별히 드라이클리닝을 해야 하는 옷이 있는 경우 세탁소를 자주 이용한다. 미국의 세탁소는 우리나라와 거의 비슷해, 옷 세탁(washing)과 함께 수선(alteration)도 겸한다. 이번 Unit에선 세탁소를 이용할 때 자주 사용하는 표현들을 익혀 보자.

[대표표현]

이거 드라이클리닝하고 다림질해 주세요.
I'd like this dry-cleaned and pressed.

이 치마를 수선하려고 합니다.
I'd like to have this skirt altered.

Step 1 기본표현 뿌리 내리기

point 1
세탁 요청하기

- I'd like ~ p.p.
- I need ~ p.p.
- ~ need(s) to be p.p.

▷ '무엇을 ~해 달라'의 영어 패턴을 익힌다.

이거 드라이클리닝하고 다림질해 주세요.

이 바지를 세탁하고 다림질해 주세요.

---

point 2
세탁 및 수선

- alter
- repair
- replace
- remove/take out

▷ alter와 repair를 구분한다. 세탁 및 수선과 관련한 동사 표현을 익힌다.

이 치마를 수선하려고 합니다.

여기 찢어진 데를 수선해 주시겠어요?

이 지퍼를 바꿔 주시겠어요?

이 얼룩을 뺄 수 있어요?

I'd like this dry-cleaned and pressed.
I need this dry-cleaned and ironed.

These pants need to be washed and steamed.

> ▷ '다림질하다'는 press를 주로 쓰지만, iron이나 steam으로 표현하기도 한다. 영어에서는 '무엇을 어떻게 해 달라'고 요청할 때, I'd like ~ p.p., I need ~ p.p. 구문을 써서 '나는 ~가 어떻게 되어지길 원한다, 필요로 한다' 식으로 표현하거나, ~ need(s) to be p.p. 구문을 써서 '~가 어떻게 되어질 필요가 있다' 식으로 표현한다.

I'd like to have this skirt altered.
I want this skirt altered.

Can you repair this rip?

> ▷ alter나 repair 둘 다 우리말로는 '수선하다'이지만, '옷의 기장이나 허리둘레 등의 형태를 수선하다'는 alter, '찢어지거나 구멍 난 것 등 손상된 곳을 수선하다'는 repair를 쓴다. rip은 '찢어지게 하다, 해지게 하다'의 동사로, '찢어진 곳, 해진 곳'의 명사로도 쓰인다.

Can you replace this zipper?
This zipper needs to be replaced.

> ▷ '바꾸다'는 replace를 쓴다.

Can you remove this stain?
Can you take out this spot?

> ▷ '얼룩'은 stain이나 spot을 쓰고, '빼다'는 remove, take out 등을 써서 표현한다.

Step 2 응용표현 가지 뻗기

옷의 길이를 늘리거나 줄일 때	이 치마 기장을 늘려 주세요. 이 바지 기장을 좀 줄여 주시겠어요? 소매를 2인치 정도 줄여 주세요.
옷의 폭을 늘리거나 줄일 때	이 치마 허리를 늘려 주세요. 이 바지 엉덩이 부분을 늘려 주세요. 허리 부분을 2인치 정도 줄여 주세요. 이 재킷 가슴 부분을 줄여 주시겠어요?
옷에 문제가 생겼을 때	이 옷은 전혀 깨끗하지 않습니다. 여기 아직 얼룩이 남아 있어요. 얼룩이 아직 보이는데요. ――――――――――――― 제 재킷이 줄었군요. 이 옷이 찢어졌군요. 단추 하나가 떨어졌어요. 옷감이 상했어요.

I'd like this skirt lengthened.

Can you make these pants shorter?

Shorten the sleeves by 2 inches, please.

⇨ '늘리다'는 lengthen 또는 make ~ longer를 쓰고, 반대로 '줄이다'는 shorten 또는 make ~ shorter라고 표현한다.

I'd like (to have) this skirt let out in the waist.

Please let out the pants around the hips.

I want the waist taken in two inches.

Can you take in this jacket around the bust?

⇨ '폭을 늘리다 / 줄이다'는 let out / take in이란 표현을 쓴다. 이 표현을 제대로 활용하려면 각 신체 부위의 명칭도 함께 알아두어야 한다.

This garment isn't clean at all.   ⇨ garment는 '옷, 의복'.

The stain's still here.

The stain's still noticeable[visible].

You've shrunk my jacket.

You tore this dress.

⇨ shrunk와 tore는 각각 shrink(수축시키다)와 tear(찢다)의 과거형.

There's a button missing.

The fabric's damaged.

Step 3 실전회화 유창해지기

Challenge: 1

A: 이 셔츠들을 세탁하고 다림질해 주세요.

B: 풀을 먹여 드릴까요?

A: 예, 약하게 해 주세요.[1] 언제 찾아갈 수 있을까요?[2]

B: 목요일까지 해 드릴 수 있는데.[3] 괜찮으세요?

A: **I need these shirts washed and pressed.**

B: Do you want starch?

A: Yes, I want light starch. When can I pick them up?

B: I can have them ready by Thursday. Is that OK?

---

[1] **약하게 해 주세요** I want light starch.라고 한다. '중간 정도'는 medium starch, '강한 정도'는 heavy starch라고 표현한다.

[2] **언제 찾아갈 수 있을까요?** '(맡긴 물건을) 찾아가다'는 pick up, 반대로 '맡기다'는 drop off라고 한다.

[3] **목요일까지 해 주다** 자동차 수리이건 세탁이건 어떤 물건에 대한 서비스를 언제까지 '해 주다'는 말은 have ~ ready(~이 준비되게 하다)란 표현을 쓴다. 또 수리나 세탁이 '다 끝났다'는 be ready(준비가 되어 있다)라고 표현한다. 위의 When can I pick them up?이란 질문은 be ready를 써서 When can it be ready?(언제 준비가 될 수 있습니까?)라고 바꿔 말할 수도 있다.

A: 이 재킷에 커피 자국이 있는데, **뺄 수 있어요?**

B: 예. 뒤가 약간 해졌네요.[1] 수선해 드릴까요?

A: 그래요? 모르고 있었는데. 예, 수선해 주십시오. 두 가지 다 하는 데 얼마나 합니까?[2]

B: 15달러입니다.

A: There is a coffee stain in this jacket. **Can you take it out?**

B: Sure. There's a tear in the back. Do you want me to repair it?

A: Really? I didn't notice it. Yes, please repair it. How much will it cost to have both jobs done?

B: 15 dollars.

---

[1] **옷이 해지다** 우리말에선 '해지다', '찢어지다'와 같이 동사로 표현하지만, 영어에선 a tear(해진 것) 또는 a rip(찢어진 것)이란 명사를 사용해서 This jacket has *a rip* in the back.(이 재킷은 등에 찢어진 데를 갖고 있다)이라고 하거나 There is *a rip* in the back.(등에 헤진 데가 있다)이라고 한다.

[2] **두 개 다 하는 데 얼마나 합니까?** '두 개'란 '두 가지 작업'을 뜻하는 것으로, 이런 '작업'은 job이란 단어로 표현한다. '그 두 작업을 하다'라고 해서 do the two jobs 라고 하면, 자신이 직접 작업을 하는 것이 되어 틀린 표현이 된다. 따라서 have the two jobs done(두 작업이 되게 하다)과 같이 'have + 명사 + 과거분사'의 형태로 표현해야 그 작업을 다른 사람에게 맡기는 것이 된다.

Challenge: 3

A: **이 치마 허리를 2인치 늘려 주세요.**[1] 그리고 **지퍼도** 망가졌는데 **새것으로 바꿔 주세요.**

B: 그러지요.

A: 회의에 입고 가려면 화요일까지 돼야 하는데.[2]

B: 알겠습니다.[3]

A: **I'd like to have this skirt let out in the waist by two inches. The zipper should be replaced, too.** It's broken.

B: All right.

A: I need it by Tuesday to wear to a meeting.

B: No problem.

[1] **이 스커트 허리를 2인치 늘려 주세요** 위 대화에서처럼 주어를 I로 해서 I'd like to have this skirt let out in ~으로 표현하거나, skirt를 주어로 해서 This skirt needs to be let out ~이라고 해도 된다. 또는 상대방을 주어로 해서 Can you let out this skirt ~?라고 할 수 있다.

[2] **회의에 입고 가려면 화요일까지 돼야 한다** '~까지 해달라'는 I need it by ~(~까지 필요하다)로 표현하면 된다. '~에 …을 입고 가다'는 wear ... to ~로 표현한다. 가령, '파티에 가려고 이 드레스를 샀다'는 I bought this dress to *wear to* the party.라고 하면 된다.

[3] **알겠습니다** All right., Sure., No problem. 등의 표현을 사용한다.

실전회화 유창해지기 Step 3

Challenge: 4

A: 코트를 찾으러[1] 왔습니다. 여기 보관증이[2] 있습니다.

B: 잠깐만 기다리세요. 여기 있습니다.

A: **여기 얼룩이 남아 있어요. 그리고 단추도 하나 떨어지고 없네요.**

B: 그렇습니까? 대단히 죄송합니다. 새 단추를 달아 드리고, 얼룩을 다시 한 번 빼 보겠습니다.[3]

A: I'm here to pick up my coat. Here's my claim ticket.

B: Just a moment, please. Here you are.

A: **The stain's still here.** And **there's a button missing.**

B: Really? I'm terribly sorry. I'll put a new button on it and work on the stain again.

[1] ~을 찾다 '맡긴 것을 찾다'는 pick up이란 표현을 사용한다.

[2] 보관증 세탁소에 옷을 맡길 때 끊어 주는 '보관증'은 영어로 claim ticket이라고 한다.

[3] 얼룩을 다시 한 번 빼 보겠습니다 '얼룩을 빼다'는 remove the stain이지만, 이 경우엔 remove 대신에 work on(~을 대상으로 작업하다)을 써도 된다.

미국 사람들은 빨래를 어떻게 하나?

우리나라에선 집안에서 세탁할 경우 대부분 세탁물을 빨래줄에 널어서 말리는데, 미국에서는 대부분 건조기를 쓰기 때문에 빨래줄에 널어놓은 광경은 보기 어렵다.

'세탁기'는 washer, '건조기'는 dryer라고 하는데, 일반 주택에 사는 경우는 집안에 세탁기와 건조기가 있다. 아파트의 경우는 대부분 공동 세탁실을 이용하는데, 보통 quarter(25센트짜리 동전) 서너 개 정도면 웬만한 세탁이 가능하다. 이런 시설마저 없는 경우엔 우리나라에서 '빨래방'이라고 부르는 coin-op laundromat(coin-op은 coin-operated의 줄임말)을 이용한다. 외국 영화에서 가끔 이런 빨래방에서 빨래가 다 되길 기다리며 책을 읽는 장면을 볼 수 있다.

건조기를 사용할 경우 옷을 바싹 말리면 옷이 줄어드는 경우가 많으니 주의해야 한다. 옷이나 침구류의 라벨을 주의깊게 보면 pre-washed(미리 세탁된), pre-shrunk(미리 줄인)라고 쓰여진 것이 있는데, '세탁하거나 건조시킬 때 옷이 줄지 않는다'는 뜻이다.

미국 아파트나 호텔의 세탁실에 가 보면 가끔 세탁기 위나 탁자 같은 데 옷이 쌓여 있는 것을 볼 수 있다. 다른 사람이 건조기를 사용하려고 주인이 바로 찾아가지 않은 옷을 꺼내 놓은 것이다. 따라서 혹시 미국에서 호텔의 세탁실을 이용할 일이 생긴다면 꼭 제 시간에 가서 자신의 세탁물을 찾아와야 한다.

18 이발소 / 미용실에서

I'd like to get a haircut.

커트해 주세요.

이번 Unit에서는 '이발소와 미용실에서 쓰는 영어'에 도전해 보자. 머리를 자르고, 염색, 파마하는 기본표현 외에, 원하는 헤어스타일을 설명하는 표현을 배운다. 또 윗머리, 옆머리, 앞머리나 구레나룻을 나타내는 영어표현도 익혀 보자.

[대표표현]

머리를 어떻게 해 드릴까요?	**How do you want it done?**
커트해 주세요.	**I'd like to get a haircut.**
파마해 주세요.	**I'd like to get my hair permed.**

Step 1 기본표현 뿌리 내리기

point 1
어떤 머리를 할지 묻기

- would like ~ done[cut]
- want ~ done[cut]

⇨ 머리가 어떻게 done되고 cut 되기를 원하느냐고 묻는다.

머리를 어떻게 해 드릴까요?

머리를 어떻게 해 드릴까요?

머리를 어떻게 잘라 드릴까요?

point 2
커트/파마/염색의 표현

- get a 명사
- get my hair + p.p.

⇨ trim, perm 등은 동사로도 명사로도 쓰인다.

커트해 주세요.

다듬어 주세요.

파마해 주세요.

커트해 주세요.

파마해 주세요.

염색해 주세요.

How would you like your hair done today?

How do you want it done?

How would you like it cut?

How do you want it cut?

> ⇨ would like it cut이나 want it cut처럼 표현해서 '머리(it)가 어떻게 깎여지길 원하느냐?'라고 묻는다. 가끔 done이나 cut을 빼고 How would you like it? 또는 How do you want it?이라고만 말하는 경우도 있다.

I'd like to get a haircut.

I'd like to get a trim.

I'd like to get a perm.

> ⇨ trim은 '다듬는 정도로 자르거나 치는 것'을 가리킨다. 위에서 명사로 쓰인 trim, perm은 동사로도 쓰인다.

I'd like to get my hair cut.

I'd like to get my hair permed.

I'd like to get my hair dyed[colored].

> ⇨ '커트하고, 파마하고, 염색하는' 행위는 내가 아니라 이발사나 미용사가 하는 것이므로, I가 주어일 때는 'get my hair + p.p.'의 형태로 써야 한다. '염색하다'는 dye 또는 color라고 한다.

Step 2 응용표현 가지 뻗기

원하는 헤어스타일을 물어볼 때	어떻게 해 드릴까요?
	머리를 어떻게 깎아 드릴까요? 얼마나 짧게 해 드릴까요?
	머리 윗부분은 얼마나 짧게 잘라 드릴까요? 층을 내 드릴까요, 같은 길이로 잘라 드릴까요?
어떻게 잘라 달라고 요청할 때	그냥 다듬어 주십시오. 조금만 다듬어 주세요. 머리를 기르려고 하거든요, 끝에만 조금 다듬어 주세요.
	(아주) 짧게 잘라 주세요. 중간 길이로 잘라 주세요. 너무 짧지 않게요. 너무 짧게 자르지 말아 주세요.

What can I do for you today?
What will it be?

> 이 질문은 꼭 머리에 관한 것은 아니지만, 이발사나 미용사들이 손님에게 자주 쓰는 표현이다.

What type of haircut do you want?

How short do you want to go?
How short do you want it cut?

How short do you want it on top?

Do you want it tapered or straight?

> taper는 '밑은 짧고 올라갈수록 길게 자르는 것'을 뜻한다.

Just a trim. / Just trim it.

> trim은 '스타일은 유지하고 길이만 다듬는 것'을 의미한다.

Trim it a little.

I'm trying to grow out my hair, so just trim the ends a little.

> '머리를 의도적으로 기르는 것'은 grow out이란 표현을 쓴다.

Make it (really) short. / Cut it (really) short, please.

Just a medium cut. Not too short.

Don't take too much off.

> take ~ off ...는 '…에서 ~을 떼어내다, 쳐내다'란 의미.

머리 위치별 커트	뒷머리는 층지게 잘라 주세요.
	윗머리를 좀 쳐 주세요.
	윗머리는 길게 내버려 두세요.
	윗머리는 같은 길이로 잘라 주세요.
	옆머리는 많이 쳐 주세요.
	앞머리는 눈썹까지 오게 잘라 주세요.
기타 미용사가 묻는 표현	가르마는 어느 쪽으로 타세요?
	가르마는 어디로 해 드릴까요?
	샴푸해 드릴까요?
	머리를 드라이로 말려 드릴까요?
드라이, 손톱 손질 등을 요청할 때	드라이로 말려 주세요.
	스트레이트로 드라이해 주세요.
	손톱 손질도 해 주세요.

응용표현 가지 뻗기 Step 2

Taper the back. / Taper it in the back.
I want it tapered at the back.

Take a little off the top.

Keep the top long.

Even out the top.
⇨ even ~ out은 '평평하게 하다', '동일하게 하다'.

Take a lot off the sides.
⇨ 옆머리는 양쪽이니까 복수형인 sides를 쓴다.

I want my bangs to be at my eyebrows.
⇨ bang은 '이마 위에 늘어뜨린 앞머리'를 가리킨다.

Where do you wear your part?

Where shall I part your hair?
⇨ '가르마를 타다'는 part 또는 wear one's part라고 표현한다. '가르마를 왼쪽으로 탑니다'는 I *wear my part* on the left.라고 하면 된다.

Do you want a shampoo?

Do you want me to blow-dry your hair?
⇨ '드라이로 말리다'는 blow-dry, 드라이를 사용하지 않고 그냥 말리는 것은 air-dry라고 한다. '저는 보통 머리를 자연 상태에서 마르게 합니다'는 I usually let my hair *air-dry*.라고 한다.

Just blow-dry it, please.

Blow it straight, please.

I want my nails done, too.

Step 3 실전회화 유창해지기

Challenge: 1

A: 어떤 머리로 해 드릴까요?

B: 옆머리를 다듬어 주시고 뒷머리는 층지게 잘라 주세요. 윗머리는 조금만 잘라 주세요.

A: 구레나룻은 어느 정도 길이로 해 드릴까요?

B: 이 정도면 되겠네요. 귀 중간쯤[1] 오게요.

A: **How do you want it cut?**

B: **Trim the sides and taper it in the back. And take a little off the top.**

A: How long would you like your sideburns?

B: About this long, about the midpoint of my ear.

> [1] 귀 중간쯤 midpoint(중간점)란 단어를 사용한다.

Challenge: 2

A: 어떤 머리로 잘라 드릴까요?

B: 중간 정도 길이로 해 주세요. 너무 짧지 않게요.

A: 층지게 잘라 드릴까요, 고르게 잘라 드릴까요?

B: 층지게요. 옆머리는 귀가 나오게 다듬어 주세요.[1]

A: **What type of haircut do you want?**

B: **A medium cut, please. Not too short.**

A: **Do you want it tapered or straight?**

B: Tapered. And I want the sides trimmed above the ears.

1   옆머리는 귀가 나오게 다듬어 주세요   '귀가 나오게'는 above the ears(귀 위로 올라가게)라고 표현한다.

A: **머리를 어떻게 잘라 드릴까요?** 지금처럼 길게 할까요?[1]

B: 아뇨, 짧게 잘라 주세요.

A: 알겠습니다. **얼마나 짧게 해 드릴까요?**

B: 스포츠 머리 정도로 짧게요.[2] 그렇지만 윗머리는 좀 길게요.[3]

A: **How would you like your hair cut?** Do you want to keep it long?

B: No, I want it cut short.

A: Okay. **How short do you want to go?**

B: Short like a crew cut. But a bit longer on top.

1   **지금처럼 길게 할까요?**   우리말식으로 한다면 Do you want me to cut it long?(제가 길게 자르기를 원하십니까?)이 되는데, cut과 long이란 단어를 같이 쓰는 것 자체가 어색하다. 이 말은 주어를 상대방(you)으로 해서, '머리를 길게 유지하기를(keep your hair long) 원하느냐(want to)?'고 쓰는 것이 자연스럽다.

2   **스포츠 머리 정도로 짧게요**   '스포츠 머리'는 a crew cut이라고 한다.

3   **조금 길게**   스포츠 머리보다 '조금 더 길게'란 뜻이므로, 비교급을 써서 longer라고 해야 한다. '조금'은 a little 또는 a bit으로 표현한다.

Challenge 4

A: 어떤 머리로 해 드릴까요?

B: 파마하고, 다듬은 후에 손질을 해 주세요.[1]

A: 어떤 파마를 해 드릴까요?

B: 약간 웨이브가 들어간[2] 바디 파마로 해 주세요.

A: **How would you like your hair done today?**

B: **I'd like to get my hair permed, trimmed and styled.**

A: What kind of perm do you want?

B: I want a body perm with some waves.

[1] **파마하고, 다듬은 후에 손질을 해 주세요** 'get + 목적어 + 과거분사' 구문을 써서 '내 머리가 파마되고, 다듬어지고, 손질되기를 원한다'고 표현한다.

[2] **웨이브가 들어간** 우리말의 '들어간' 같은 말은 영어로 하기 어렵게 느껴지는데, 실제론 with 전치사 하나면 충분하다.

실전회화 유창해지기 Step 3

Challenge: 5

A: 어떻게 해 드릴까요?
B: **머리를 층지게 자르고**[1] 세팅해 주세요.
A: 알겠습니다. **얼마나 짧게 자를까요?**
B: 어깨에서 2~3인치 정도로 위로 잘라 주세요.

A: **What can I do for you today?**
B: **I'd like to get my hair cut in layers and set.**
A: Okay. **How short do you want it cut?**
B: A couple of inches above the shoulders.

[1] 머리를 층지게 자르다 I'd like to get my hair layered.라고 하거나, layer를 명사로 써서 cut in layers(층으로 자른)라고 표현할 수도 있다. 참고로 그냥 '머리를 약간 다듬고 세팅해 달라'는 말은 Just a trim and set.이라고 간단하게 말할 수 있다.

Review Units 17~18

1. 다음 우리말 대화를 영어로 말해 보세요.

(1) A: 이 셔츠들을 드라이클리닝하고 다림질해 주세요.
  B: 알겠습니다. 수요일까지 해 드리겠습니다.

(2) A: 여기 단추를 새로 달아 주세요.
  B: 그러죠, 그런데 새 단추가 똑같지 않을 수도 있습니다.

(3) A: 머리를 어떻게 해 드릴까요?
  B: 옆머리는 다듬어 주시고요, 윗머리는 조금만 잘라 주세요.

(4) A: 머리를 어떻게 해 드릴까요?
  B: 조금 다듬어 주시고 파마해 주세요.

2. 다음 문장 중 틀린 부분을 고쳐 보세요.

(1) I'd like to let these pants out in the waist.

(2) Can you take off this stain?

(3) Please short these pants 3 inches.

(4) How short do you want to cut?

(5) Treat my nails, too.

Answers

1. **(1) A:** I need these shirts dry-cleaned and pressed.
  B: Sure, I'll have them ready by Wednesday.
  (2) A: Can you replace the button here? **B:** Sure, but it may not match exactly.
  (3) A: How do you want it done? **B:** Trim up the sides and take a little off the top.
  (4) A: How would you like your hair done today? **B:** I'd like it trimmed and permed.

3. 우리말 문장에 맞게 영어 문장의 빈칸을 완성해 보세요.

(1) 지퍼를 새것으로 바꿔 주세요.
The zipper _____.

(2) 이 재킷 가슴 부분을 좀 줄여 주세요.
Can you _____?

(3) 층을 내 드릴까요, 같은 길이로 잘라 드릴까요?
Do you want _____?

(4) 아주 짧게 잘라 주세요.
Make _____.

(5) 가르마는 어느 쪽으로 타세요?
Where _____?

Answers

2. (1) let these pants out ↓ have these pants let out (2) take off ↓ take out (3) short ↓ shorten, 3 inches ↓ by 3 inches (4) want to cut ↓ want it cut (5) Treat my nails, too. ↓ I want my nails done, too.
3. (1) needs to be replaced (2) take in this jacket around the bust (3) it tapered or straight (4) it really short (5) do you wear your part

미국의 이발소, 미용실 무엇이 다를까?

'이발소'는 barber shop이라고 하고, '미용실'은 beauty salon이라고 한다. '이발사'는 barber, '미용사'는 hairdresser 또는 hair stylist라고 한다. 또 미국에서는 염색만 전문으로 하는 미용사가 따로 있는데, 이런 사람을 가리켜 colorist라고 한다.

미국 이발소는 우리나라와 몇 가지 차이가 있는데, 가장 큰 차이점은 가위(scissors)가 아니라 이발 기계(electric razor)를 사용해서 머리를 깎는다는 것이다. 그러나 기계보다 가위로 깎은 머리가 더 일정하고 반듯하니 되도록이면 처음엔 기계로 깎더라도 전체적으로 가위로 손질해 주는 곳을 찾아가는 것이 좋다.

또, 미국의 이발소나 미용실을 이용하려면 예약이 필수이다. 이발소 중에는 walk-in welcome이라고 해서 예약할 필요 없이 아무 때나 '걸어 들어가서(walk in)' 이발을 할 수 있는 곳도 있지만, 예약을 해야 제 시간에 이발을 할 수 있는 경우가 더 많다. 머리를 하는 데 시간이 더 많이 걸리는 미용실(beauty salon)은 정말이지 예약이 필수다.

그리고 대부분의 미국 이발소에서는 우리나라처럼 면도를 해 주거나 머리를 감겨주는 서비스가 없다. 만약 면도에 머리까지 감겨 준다면 이발비가 두세 배는 높아질 것이다. 이발 비용은 10~20달러 사이이며, 여기에 10~15% 정도의 팁을 얹어 주어야 한다. 팁은 만족스러운 경우에 주는 것이므로, 서비스나 이발이 엉망이라면 팁을 더 적게 주거나 아예 안 줘도 된다.

이발에 비해서 스타일 주문이 어려운 여성들은 영어로 설명하기 어렵기 때문에 잡지에 실린 원하는 스타일의 사진을 구해 가는 것이 좋다.

Chapter 6
물건 사기

19 할인점과 슈퍼마켓
Which aisle are the toothbrushes in?

20 계산할 때
I'll pay in cash.

21 교환과 환불
I'd like to return this for a refund.

22 얼마에 샀는지 물어볼 때
How much did you pay for it?

19 할인점과 슈퍼마켓

Which aisle are the toothbrushes in?

칫솔은 어느 열에 있습니까?

E-mart나 Home Plus 등 우리가 흔히 '할인점'이라고 부르는 곳을 미국에서는 warehouse store(창고형 상점)라고 한다. 또한 supermarket은 규모가 큰 상점을 말하고, 우리가 흔히 '슈퍼'라고 표현하는 동네 상점들은 grocery store라고 부른다. 이번 Unit에서는 할인점과 슈퍼마켓에서 물건을 찾거나 살 때 유용한 영어표현들을 익혀보도록 하자.

[대표표현]

케첩은 어디 있습니까?	**Where's the ketchup?**
세제는 어디에 있습니까?	**Where can I find the detergents?**
칫솔은 어느 열에 있습니까?	**Which aisle are the toothbrushes in?**
3번 열에 있습니다.	**It's in aisle Number 3.**

Step 1 기본표현 뿌리 내리기

point 1
물건이 어디 있는지 묻기

- **Where's[Where're] ~?**
- **Where can I find ~?**
- **Which aisle is[are] ~ in?**

▷ 물건의 위치를 묻는 다양한 영어표현을 익힌다.

케첩은 어디 있습니까?

세제는 어디에 있습니까?

칫솔은 어느 열에 있습니까?

3번 열에 있습니다.

A-3열에 있습니다.

C-2열의 앞쪽에 있습니다.

point 2
어떤 물건이 있는지 묻기

- **Do you carry ~?**
- **Do you have ~?**

▷ 동사 carry나 have를 써서 가게에 물건이 있는지 묻는다.

저지방 우유 있습니까?

(광고지 사진을 가리키며) 이 제품 있습니까?

품절입니다.

Where's the ketchup?

Where can I find the detergents?

Which aisle are the toothbrushes in?

> ⇨ '~은 어디에 있습니까?'는 Where's[Where're] ~?가 가장 기본적인 표현이지만, Where can I find ~?(어디에서 ~을 찾을 수 있느냐?)나 Which aisle is[are] ~ in?(~이 어느 열에 있느냐?)처럼 표현해도 좋다. aisle은 물건을 진열해 놓은 '진열대 사이의 통로'를 말한다.

It's in(on) aisle Number 3.

They're in(on) A-3.

They're in(on) C-2, at the beginning of the aisle.

> ⇨ '~ 열에 있다'는 말은 전치사 in 또는 on을 써서 표현한다. 셀 수 있는 물건이면 복수로 물어보고, 대답도 They로 받아서 말한다.

Do you carry low-fat milk?

> ⇨ 이때의 carry는 '가게에서 (어떤 물건을) 취급하다'란 표현.

Do you have this in stock?

> ⇨ in stock은 '재고에 있는'.

We're out of stock.

We're sold out.

> ⇨ out of stock(재고가 없는), sold out(다 팔린)은 둘 다 '품절인'의 의미.

Step 2 응용표현 가지 뻗기

찾는 물건을 말할 때	기저귀를 사려고 합니다.
	이 재킷과 어울리는 셔츠를 사려고 합니다.
	신발을 사려고 합니다.
	장갑을 사려고 하는데요.
매장 위치를 물어볼 때	아동복 파는 곳은 어디입니까?
	계산대는 어디입니까?
영업 시간을 물어볼 때	영업 시간이 어떻게 됩니까?
	몇 시에 문을 엽니까?
	몇 시에 문을 닫으세요?
	오늘은 몇 시까지 영업하세요?

I'm looking for diapers.

I'm looking for a shirt to go with this jacket.

I need a pair of shoes.

I need a pair of gloves.

⇨ '~을 사려고 하다'는 보통 '~을 찾다'란 뜻의 look for나 '~을 필요로 하다'란 뜻의 need를 써서 표현한다. 물건 중에 바지나 신발, 안경처럼 한 쌍으로 된 것은 a pair of ~로 말해야 한다. '~와 어울리다'는 go with나 match를 쓰면 된다.

Where are the children's clothes?

Where can I find children's clothes?

Where is the children's clothing department?

⇨ 상품의 위치를 물을 때는 앞에서 배운 Where's[Where're] ~?, Where can I find ~? 외에, '(그 상품이 속한) 매장(department)이 어디 있습니까?'라고 물을 수도 있다. clothes는 '옷'이란 뜻의 집합명사로, clothing이나 wear라고 해도 된다.

Where's the checkout (counter)?

⇨ checkout은 명사로 '계산대'란 의미가 있다.

What are your hours?

What time do you open?

What time do you close?

How late are you open today?

⇨ open은 '열다' 또는 '열린, 영업중인'이란 뜻의 동사 및 형용사로 쓰인다. 반대로 '닫다'는 동사 close를 쓰는데, '닫힌, 휴업인'이라고 할 때는 close가 아니라 closed라고 쓰는 점에 주의하자.

Step 3 실전회화 유창해지기

Challenge: 1

A: 죄송합니다만, **소금이 어디에 있나요?**

B: **C-5열 앞쪽**, 식용유 옆에 있습니다.

A: 방금 거기에 갔었는데,[1] 안 보이던데요.[2]

B: 그래요? 제가 어디 있는지 안내해 드리죠.

A: Excuse me. **Which aisle is the salt in?**

B: **It's in C-5, at the beginning of the aisle**, next to the cooking oil.

A: I've just been there, but I couldn't find it.

B: Well, let me show you where it is.

[1] **방금 거기에 갔었다** 우리말식으로 go 동사를 써서 I went there just a second ago.라고 하면 틀린 표현이다. '방금 갔다 왔다'는 have been to ~와 같이 be 동사를 현재완료시제로 쓴다.

[2] **안 보이던데요** 우리말처럼 물건을 주어로 하지 말고 I를 주어로 해서 '내가 찾을 수 없었다'고 해야 한다.

Challenge: 2

A: 도와드릴까요?

B: 그냥 구경하는 겁니다. 고맙습니다. 그런데 **남자 신발은 어디 있나요?**

A: 2층 남성복 매장[1] 옆에 있습니다. 저 모퉁이 돌아서 있는 에스컬레이터를 이용하시면 됩니다.

A: May I help you?

B: I'm just looking. Thanks. By the way, **where can I find men's shoes?**

A: They're on the second floor, next to the men's clothing department. You can use the escalator around the corner.

> 1   남성복 매장 '남성복 매장'은 men's clothing department나 menswear department라고 한다.

A: 여기 영업 시간이 어떻게 되나요?

B: 보통 주중에는[1] 오전 10시에서 저녁 8시까지 하지만, 오늘은 저녁 10시까지 합니다.

A: 감사합니다.

A: **What are your hours?**

B: Normally, we're open 10 to 8 on weekdays. But today we're open until 10 p.m.

A: Thank you.

> 1   주중에는 during the week 또는 on weekdays라고 한다. weekday는 '주말 이외의 날'이란 뜻이다.

슈퍼마켓 고객카드는 Club Card

'고객카드'는 백화점에서는 store card라고 하지만, 슈퍼마켓에선 보통 club card라고 하거나 상점명을 붙여 Safeway Card와 같이 말한다. Safeway, Albertson's, Star Market, Giant, Stop & Shop 등 미국 전역에 체인점을 가지고 있는 슈퍼마켓들은 대부분 이런 고객카드 제도를 시행하고 있으며, 이 카드를 소지한 사람에게 특별 할인을 해 준다.

남의 나라 슈퍼마켓 고객카드 이야기쯤이야 자신과 별 상관없는 정보 같겠지만, 사실 미국에 잠시 여행을 하는 경우라도 이 카드를 발급 받아 활용하면 좋다. 할인 품목을 잘 골라 사면 최소한 20%는 절약할 수 있으니까 말이다. 주소는 호텔 주소로 적어도 상관없다. 또는 신청용지를 받아서 Can I bring it back later?(나중에 적어서 가져와도 될까요?)라고 하면, 대부분 그러라고 하고 신청서에 붙인 카드를 스캔해서 할인해 준다. 그도 아니면 I'm a visitor here, but I'd like to get the club member's discounts.(저는 여기 방문하러 왔는데, 회원할인 혜택을 받고 싶은데요)라고 말하면 어떻게 해서든 할인해 주니, 미국 방문중에 슈퍼마켓에 갈 일이 있으면 주저하지 말고 club card 제도를 이용해 보자.

20 계산할 때

I'll pay in cash.

현금으로 내겠습니다.

원하는 물건을 골랐으면 계산을 하는데, 그 전에 물건 가격을 확인하는 것도 중요하다. 할인이 되는 물건인지 살펴보고, 확실하지 않으면 점원에게 물어본다. 계산시에는 지불 방법을 영어로 묻고 답할 수 있어야 하는데, 현금으로 낼 때와 카드를 사용할 때 전치사 표현이 달라진다는 점에 유의하자.

[대표표현]

어떻게 계산하시겠습니까?	**How would you like to pay for this?**
현금인가요, 카드인가요?	**Will that be cash or credit?**
현금으로 내겠습니다.	**I'll pay in cash.**
신용카드로 내겠습니다.	**I'll pay with a credit card.**

Step 1 기본표현 뿌리 내리기

point 1
지불 수단

- **pay in cash**
- **pay with a credit card**

⇨ 현금은 in, 카드는 with를 쓴다.

어떻게 계산하시겠습니까?

현금인가요, 카드인가요?

신용카드인가요, 직불카드인가요?

현금으로 지불하겠습니다.

신용카드로 지불하겠습니다.

point 2
상점에서 take 쓰기

- '사다'의 **take**
- '받다'의 **take**

⇨ 상점에서 take는 buy와 accept의 두 가지 의미로 쓰인다.

이것으로 하겠습니다.

신용카드 받습니까?

여행자 수표 받습니까?

How would you like to pay for this?

Will that be cash or credit?

Cash or charge?

⇨ pay for는 '~에 대한 가격을 지불하다', charge는 '카드로 계산함'이란 뜻이다. 위 문장에서 Will that be는 생략할 수 있다.

Credit or debit?

⇨ 손님이 카드를 내면 계산원이 이렇게 묻기도 한다. debit은 debit card(직불카드)를 가리킨다.

I'll pay in cash. / I'll pay cash.

⇨ '현금으로 내다'는 pay in cash라고 하거나, 또는 in을 생략하고 pay cash라고 해도 된다.

I'll pay with a credit card. / I'll charge it.

⇨ '카드로 내다'는 in 대신 with를 쓰거나, 간단히 동사 charge를 써서 표현한다.

I'll take this.

I'd like to buy this.

⇨ 여기서 take는 '사다'의 의미.

Do you take credit cards?

Do you accept traveler's checks?

⇨ 여기서 take는 '받다'란 의미로, 이 때의 take는 accept와 바꿔 쓸 수 있다.

Step 2 응용표현 가지 뻗기

가격을 물어볼 때	이거 얼마입니까? 이거 세일하는 겁니까? 가격표에 있는 대로 다 받나요?
점원이 가격을 설명할 때	20퍼센트 할인 판매합니다. 가장 낮은 표시 가격에서 30퍼센트를 추가 할인합니다. 이 제품은 최근 가격이 인하되었습니다. 매장 전체에서 재고정리 세일을 하고 있습니다. --- 한 개 사시면 한 개를 무료로 더 드립니다. 한 개 가격에 두 개를 드립니다.
계산할 때	이쪽 계산대 연 겁니까? 이것 좀 계산해 주시겠어요? --- 봉투 하나 주시겠어요? 봉투를 이중으로 해서 넣어 주시겠어요?

How much is this?
Is this on sale?
Is the price as marked?

> ⇨ on sale은 '할인 판매되는'의 의미. as marked는 '표시된 대로'란 뜻으로, '가격표에 있는 가격이 실제 판매가격입니까?'라고 묻는 말이다.

They're 20 percent off.
They're an additional 30 percent off the lowest marked price.

> ⇨ '~퍼센트가 할인되다'라고 할 때는 percent 뒤에 off를 붙여 ~percent off라고 하면 된다. marked price는 '가격표에 표시된 가격'.

This was marked down recently.

> ⇨ mark down은 '가격을 인하하다'.

We're having a storewide clearance sale.

> ⇨ '재고정리 세일'은 clearance sale 또는 clean-up sale이라고 한다.

If you buy one, you get another one free.
You get two for the price of one.

Are you open?
Can you ring this up for me?

> ⇨ ring ~ up은 '(계산원이) ~을 계산하다'로, 금전등록기(cash register)의 서랍을 열면 ring 하고 소리가 나는 데서 유래한 표현이다.

Can I get a bag?
Could you double-bag them?

> ⇨ '봉투'는 bag이라고 하는데, double-bag이라고 하면 '봉투를 이중으로 하다'란 동사표현이 된다.

계산원이 쓰는 표현	원하시는 물건 다 찾으셨어요?
	총 34달러 50센트입니다.
	현금 인출도 하시겠어요?

	봉투 드릴까요?
	종이와 비닐 봉투 중 어느 것을 원하세요?
	영수증은 봉투 안에 넣어 드릴까요?

	(물건을) 밖에까지 옮겨 드릴까요?
	물건을 차까지 옮겨 드릴까요?
계산이 안 맞을 때	거스름돈이 틀리는데요.
	거스름돈이 모자랍니다.

	계산이 잘못된 것 같은데요.
	돈을 더 낸 것 같습니다.

응용표현 가지 뻗기 Step 2

Did you find everything all right?
Did you find everything you need?

Your total comes to 34^{50}. / Your total is 34^{50}.

⇨ come to ~는 '(금액 등이) ~에 달하다, 이르다'란 뜻. 34^{50}는 thirty four dollars and fifty cents라고 읽거나, 줄여서 thirty four fifty라고 읽으면 된다.

Would you like cash back?

⇨ debit card로 계산한다고 하면 이런 질문을 하는 경우가 있는데, '연결계좌에서 현금도 인출하겠냐?'는 뜻이다. 대답은 No.라고 하거나, 만일 Yes.라고 할 경우 30 dollars.와 같이 구체적인 액수를 말하면 된다.

Do you need a bag? / Would you like a bag for this?
Paper or plastic?
Do you want your receipt in the bag?

⇨ Paper or plastic?은 Do you want paper or plastic bags?를 줄인 말로, 미국에선 '비닐 봉투'는 plastic bag, '종이 봉투'는 paper bag이라고 한다.

Do you need help out (with your groceries)?
Do you need help out to your car?

I've got the wrong change.
The change is a little short.

⇨ change는 '거스름돈, 잔돈'을 가리킨다. short는 '(돈 등이) 부족한'이란 뜻으로, 구체적으로 얼마가 모자란다고 할 때는 I'm 2 dollars *short*.(2달러 덜 받았습니다)처럼 표현한다.

I think there's a mistake (on the receipt).
I think I was overcharged.

⇨ overcharge는 '부당하게 청구하다'.

Step 3 실전회화 유창해지기

Challenge: 1

A: 도와드릴까요?

B: 예. **이 시계들 세일하는 겁니까?**

A: 예. 이미 할인된 가격에서 **30퍼센트 추가 할인해 드리는 겁니다.**[1]

B: 어머, 엄청 싸네요! 앞쪽에 있는 파란색 시계 좀 보여 주시겠어요?[2]

A: May I help you?

B: Yes. **Are these watches on sale?**

A: Yes. **They're an additional 30 percent off** their already reduced prices.

B: Wow, that's a great deal! Can I see the blue one in the front?

---

[1] **이미 할인된 가격에서 30퍼센트 추가 할인하다** '추가로'는 additional, '이미 할인된 가격'은 already reduced price(이미 인하된 가격)라고 표현한다.

[2] **앞쪽에 있는 파란색 시계 좀 보여 주시겠어요?** 우리말식으로 Can you show me ~?라고 해도 되고, 주어를 I로 해서 Can I see ~?(제가 ~을 볼 수 있을까요?)라고 해도 된다. '파란색 시계'는 이미 시계 이야기를 하고 있으므로 명사를 대신하는 one을 써서 the blue one이라고 하면 좋다. 이때의 one은 우리말에서 '파란색 시계' 대신에 '파란 것'이라고 할 때의 '것'에 해당한다고 보면 된다.

A: 죄송하지만, **이것 좀 계산해 주시겠어요?**

B: 그러죠. 저쪽 계산대에서 해 드리겠습니다.[1] **총 41달러 20센트입니다. 어떻게 계산하시겠어요?**

A: 신용카드 받나요?

B: 예, 받습니다.

A: Excuse me. **Could you ring this up for me?**

B: Sure. I can help you at the register over there. **Your total is 41^{20}. How would you like to pay for this?**

A: **Do you take credit cards?**

B: Yes, we do.

---

[1] **저쪽 계산대에서 해 드리겠습니다** '저쪽 계산대에서 계산을 해 주겠다'는 뜻이므로 ring up을 쓰면 된다. 그런데 앞에서 상대방이 이미 ring up을 써서 말을 건넸으므로, 점원이 말할 때는 그냥 help해 주겠다고만 해도 된다.

Challenge: 3

A: 종이와 비닐 봉투 중 어디에 넣어 드릴까요?
B: 비닐이요. 두 겹으로 해서 넣어 주시겠어요?
A: 그러죠. 밖에까지 옮겨다 드릴까요?
B: 아뇨, 괜찮습니다. 감사합니다.
A: 손님, 잔돈 가져가세요.[1]

A: **Paper or plastic?**
B: Plastic, please. **Can you double-bag them?**
A: Sure. **Do you need help out with this?**
B: No, I'm okay. Thank you.
A: Excuse me. You forgot your change.

[1] **잔돈 가져가세요** 우리말식으로 Take your change. 라고 하면 이상하고, 동사 forget(잊다)을 써서 '잔돈 잊고 가시네요'란 식으로 표현한다.

실전회화 유창해지기 Step 3

Challenge: 4

A: **매장 전체에서 재고정리 세일을 하고 있거든요.** 그리고 특히, 오늘과 내일은 **모든 재고상품에 대해 30% 추가 할인해 드립니다.**

B: 정말이요? 이것도 세일인가요?

A: 아뇨, 그것들은 신상품이에요.[1] 세일 품목이 아닙니다.[2]

A: **We're having a storewide clearance sale.** And, just for today and tomorrow, **all clearance items are an additional 30 percent off.**

B: Really? **Is this on sale, too?**

A: No, those are new arrivals. They're not on sale.

---

1 **신상품** 영어에서는 new arrival(새로 도착한 것)이라고 한다.

2 **세일 품목이 아니다** '세일하다, 할인하다'는 be on sale이니까, '세일하지 않는다, 할인이 안 된다'는 be not on sale이라고 하면 된다.

Review Units 19~20

1. 다음 우리말 대화를 영어로 말해 보세요.

(1) A: 죄송하지만, 샴푸는 어디 있습니까?
   B: D열에 있습니다.

(2) A: 이 카메라 있습니까?
   B: 아니오, 지금 재고가 다 떨어졌습니다.

(3) A: 계산은 어떻게 하시겠어요?
   B: 신용카드 받지요?

(4) A: 이거 세일하는 겁니까?
   B: 예. 30퍼센트 할인 판매합니다.

2. 다음 문장 중 틀린 부분을 고쳐 보세요.

(1) Which aisle is the soap?

(2) Do you need to help out to your car?

(3) I'm looking for a tie matching this shirt.

(4) I think I overcharged.

(5) We sold out.

Answers

1. (1) A: Excuse me. Where can I find the shampoo? **B:** It's in Aisle D.
(2) A: Do you have this camera in stock? **B:** No, we're out of stock.
(3) A: How would you like to pay for this? **B:** Do you take credit cards?
(4) A: Is this on sale? **B:** Yes. It's 30 percent off.

3. 우리말 문장에 맞게 영어 문장의 빈칸을 완성해 보세요.

(1) 아이스박스 있습니까?

  Do you _____ ice boxes?

(2) 원하는 물건은 다 찾으셨습니까?

  Did you _____ ?

(3) 봉투를 이중해서 그것들을 주십시오.

  Could you _____ ?

(4) 이거 계산 좀 해 주시겠어요?

  Can you _____ ?

(5) 2달러 덜 받았는데요.

  I'm _____.

Answers

2. (1) the soap → the soap in (2) to help → help (3) matching → to match 또는 to go with (4) overcharged → was overcharged (5) sold out → are sold out
3. (1) have 또는 carry (2) find everything all right 또는 find everything you need (3) double-bag them (4) ring this up for me (5) 2 dollars short

Rebate 제도로 소비자를 유혹하는 미국

미국의 일요일자 신문은 매우 두꺼운데, 그 이유는 각종 광고 전단지와 더불어 다양한 할인 쿠폰들이 끼워져 있기 때문이다. 알뜰한 미국 사람들은 이 할인 쿠폰을 오려 놓았다가 필요할 때 사용하는데, 여기서 나온 용어들로 coupon clipping(쿠폰 오리기), coupon clipper(쿠폰을 오려서 사용하는 사람), couponing(쿠폰 사용하기) 같은 것이 있다.

우리에게는 조금 생소하지만, 미국에서 쿠폰 다음으로 많이 사용되는 할인 방식이 rebate이다. rebate란 '물건을 구입한 후 제조업체로부터 일정액을 되돌려 받는 제도'이다. rebate는 주로 공산품에 많이 적용되는데, 제품을 구입해서 포장 박스를 열어 보면 rebate 쿠폰이 안에 들어있다. 때로는 매장에서 별도로 얻어야 하는 경우도 있다. 어쨌든 해당 rebate coupon에 자신의 주소와 이름을 적고 original receipt(영수증 원본)와 제품 박스에 있는 바코드(UPC bar code)를 동봉해서 우편으로 보내면 얼마 후에 해당 금액의 수표가 우편으로 발송된다. 수표를 받으면 은행에 예금하여 현금화할 수 있다. 상점에서 물건을 살 때 rebate용 영수증을 하나 더 달라고 하면 끊어 준다. 보통 rebate coupon의 환불액이 몇 십 달러씩 하는 것이 많기 때문에 소비자들이 rebate 상품에 눈길을 보내는 것도 당연하다.

21 교환과 환불

I'd like to return this for a refund.

이거 환불 받으려고 하는데요.

구입한 물건에 문제가 있을 때, 혹은 단순히 마음에 들지 않을 때도 교환하거나 환불할 수 있다. 이번 Unit에서는 교환과 환불에 관한 영어표현들을 익히고, 더불어 rain check, layaway 등 소비자의 입장에서 알아두면 좋을 여러 가지 쇼핑제도에 대해 알아보자.

[대표표현]

이것을 같은 종류의 새 것으로 교환하고 싶습니다.
I'd like to exchange this for a new one.

이것을 다른 제품으로 교환하고 싶습니다.
I'd like to exchange this for something else.

이거 환불 받으려고 하는데요.
I'd like to return this for a refund.

Step 1 기본표현 뿌리 내리기

point 1
for를 써서 교환 / 환불하기

- **exchange A for B**
- **return A for B**

⇨ 최종적으로 나에게 남는 것은 B이다.

이것을 교환하려고 하는데요.

이것을 (같은 종류의) 새것으로 교환하고 싶습니다.

이것을 다른 제품으로 교환하고 싶습니다.

이거 환불 받으려고 하는데요.

point 2
'get + 명사'로 교환 / 환불하기

- **get an exchange**
- **get an even-exchange**
- **get a refund**

⇨ 'get + 명사' 형태로 '교환하다', '환불하다'를 표현한다.

제품을 교환하고 싶습니다.

이것을 (같은 종류의) 새것으로 교환하고 싶습니다.

(이 물건을) 환불 받고 싶습니다.

point 3
점원이 묻는 표현

- **wrong with**
- **original receipt**

⇨ 점원은 '물건에 문제가 있는지'와 '영수증이 있는지' 등을 묻는다.

물건에 무슨 문제가 있습니까?

영수증 원본이 있습니까?

이 양식을 기재해 주시고 밑에 서명해 주십시오.

I'd like to exchange this.

I'd like to exchange this for a new one.

I'd like to exchange this for something else.

⇨ exchange A for B는 'A를 B로 교환하다'의 뜻.

I'd like to return this for a refund.

⇨ return A for B는 'A를 반품하고 B를 받다'란 표현.

I'd like to get an exchange.

I'd like to get an even-exchange for this.

⇨ even-exchange는 '같은 제품으로 교환하기'.

I'd like to get a refund (on this).

Anything wrong with it?
What's wrong with it?

Do you have the original receipt?

Please fill this out and sign at the bottom.

⇨ fill out은 '(양식을) 기재하다'.

Step 2 응용표현 가지 뻗기

특별한 요청을 할 때	(이 제품에 대하여) 품절 교환권을 주실 수 있어요?
	이 물건을 후지불로 살 수 있습니까?
	그 물건 팔지 말고 보관해 주시겠어요?
재고가 없을 때	재고가 없습니다.
	재고가 다 떨어졌습니다.
	그 물건 다 팔리고 없습니다.
	(5월 20일까지) 추가 주문해 놓은 상태입니다.
	다음 주에 다시 한 번 문의해 주시겠어요?
물건이 언제 들어오는지 물어볼 때	물건이 언제 또 들어옵니까?

Can I get a rain check (on this item)?

⇨ rain check는 세일중인 물건이 다 떨어졌을 때 '세일 기간 이후에도 세일 가격으로 살 수 있도록 조치를 취해 주는 것'을 가리킨다. (p.266 참조)

Can I put[buy] this on layaway?

⇨ layaway는 '약간의 보증금을 받고 대금 완불시까지 물건을 보관해 주는 제도'이다. (p.266 참조)

Can you hold it for me?

⇨ hold는 '가지고 있다, 보관하다'.

We don't have any in stock.

We're out of stock. / We're out of that item.

⇨ have ~ in stock은 '~을 재고로 갖고 있다', out of stock은 '재고가 떨어진'이란 뜻이다. out of ~ 자체는 '~이 다 떨어진'의 의미.

We're sold out (of that item). / It's sold out.

⇨ be sold out은 '다 팔리다'로, 판매자(이 경우 We)나 물건(이 경우 It)이 둘 다 주어가 될 수 있다.

This item is on back order (until May 20).

Check back (with us) next week.

⇨ back order는 '재고가 없어서 이월해 놓은 주문', 혹은 '그렇게 주문하다'의 의미.

When do you expect to have it in stock?

When do you expect your next shipment?

⇨ shipment는 '배송, 배달'이란 뜻 외에, '배달된 물건 전체'를 가리키기도 하는데, 여기선 후자의 뜻으로 쓰였다.

Step 3 실전회화 유창해지기

Challenge: 1

A: 이거 환불 받으려고 합니다.
B: 물건에 무슨 문제가 있습니까?
A: 아뇨, 그냥 품질이 만족스럽지 않습니다.[1]
B: 알겠습니다. **영수증은 있으세요?**
A: 아뇨, 분실했는데요.
B: 그러면 상품권[2]으로 드릴 수밖에 없습니다.

A: **I'd like to return this for a refund.**
B: **Anything wrong with it?**
A: No, I'm just not satisfied with its quality.
B: All right. **Do you have the original receipt?**
A: No, I lost it.
B: Then, we can only give you store credit.

---

[1] **그냥 품질이 만족스럽지 않습니다** 우리말처럼 '품질'을 주어로 할 경우 Its quality is not satisfactory.라고 해야 하는데, 보통은 주어를 사람(I)으로 해서 I'm not satisfied with its quality.라고 표현한다.

[2] **상품권** 제품 반품시 영수증을 잃어버렸거나 반환기일을 넘긴 경우에는 환불을 받을 수 없고, 대신에 store credit이라고 해서 해당 상점에서 다른 물건을 사는 데 쓸 수 있는 전표를 끊어 준다.

A: 찾는 책이 있는지 알아보려고 전화했는데요.

B: 그러세요. 제목이 무엇입니까?

A: 로버트 데이비스가 쓴[1] '알츠하이머 병으로의 여행'이요.

B: 예, 한 권이 있습니다.[2]

A: 잘 됐네요. **팔지 말고 보관해 주시겠어요?** 제가 30분 내로 가겠습니다.

A: I'm calling to check if you have a book in stock.

B: Sure. What's the title?

A: It's *'My Journey into Alzheimer's Disease'* by Robert Davis.

B: Yes, we have one copy.

A: Great. **Could you hold it for me?** I'll be there in half an hour.

[1] **로버트 데이비스가 쓴** write(쓰다)란 동사도 필요 없이, 책 이름 뒤에 전치사 by만 붙이면 간단하다.

[2] **한 권이 있습니다** We have one book.이라고 하면 틀린다. 특정 책의 권수를 말할 때에는 copy란 단어를 쓴다.

Challenge: 3

A: 실례하지만, **이 제품 있어요?**

B: 어디 봅시다. 아뇨, **다 팔리고 없네요.**

A: **그러면 물건이 또 언제 들어오죠?**

B: 잘 모르겠네요. 실은 그것은 단종된 제품이에요.[1] 그래서 이제 더 이상 안 들어올 겁니다.

A: Excuse me. **Do you have this item in stock?**

B: Let me check. No, **we're sold out.**

A: **When do you expect your next shipment, then?**

B: I'm not sure. Actually, that item is a discontinued model. So, we won't get any more.

---

[1] **그것은 단종된 제품이다** '단종된'은 discontinue(그만두다)의 과거분사형인 discontinued를 쓴다. 참고로 어떤 상점에서 '더 이상 취급 안 하는 제품'이란 말은 a close-out item이라고 한다.

실전회화 유창해지기 Step 3

Challenge: 4

A: 실례하지만, **Apix FX-40 디지털 카메라 있습니까?**
B: 아뇨, 마지막 하나 남은 것을 방금 팔았는데요. 다른 매장에 물건이 있는지 알아봐 드릴까요?[1]
A: 예. 그래 주시면 감사하겠습니다.[2]

A: Excuse me. **Do you have an Apix FX-40 digital camera in stock?**
B: No, we've just sold the last one. Would you like me to check if another location has it in stock?
A: Sure. I'd appreciate it.

[1] **다른 매장에 물건이 있는지 알아봐 드릴까요?** '제가 ~해 드릴까요?'는 Would you like me to ~? 또는 Do you want me to ~? 구문을 쓴다. 같은 체인점의 다른 매장은 another store 또는 another location 이라고 한다.

[2] **그래 주시면 감사하겠습니다** '그래 주시면'이라고 해서 if you did so ~라고 하면 길어진다. 동사 appreciate(~을 감사하게 생각하다)를 쓰고, '그래 주시면'은 it으로 받아서 I'd appreciate it.이라고 하면 간단하다.

알아두면 편리한 미국의 쇼핑제도

미국은 쇼핑의 선진국답게 소비자의 편익을 고려한 다양한 제도들이 마련되어 있다. 미국에서 쇼핑할 때 고객 입장에서 알아두면 요긴한 쇼핑제도들을 살펴보자.

Rain Check

rain check는 세일 품목이 재고가 없을 경우, 나중에 해당 물건이 들어오면 세일 기간이 지나도 세일 가격에 살 수 있도록 해 주는 보증권을 뜻한다. 미국에서는 세일 품목을 충분히 갖춰 놓지 않고 손님을 끌기 위한 전략으로 세일 광고를 하는 것을 규제하고 있기 때문에, 광고에 limited quantities(수량 한정)란 문구가 들어가지 않았다면 물건이 품절됐을 경우 소비자는 rain check를 요구할 수 있고, 또 상점은 그런 요구를 들어주어야 한다.

Layaway

소비자가 물건값을 전부 지불할 수 없을 경우, 상점에서 약간의 보증금(deposit)을 받고 특정 날짜까지 물건을 보관해 주는 제도이다. 소비자는 해당 날짜까지 잔액을 가지고 가서 물건을 찾아오면 된다. 이것은 주로 가격이 높은 물건이 세일중일 때, 당장은 살 수 없지만 세일 가격을 적용받고 싶은 경우에 이용하면 좋다.

Can you hold it for me?

특별한 이름이 있는 제도는 아니지만 미국에서는 상점에 전화해서 찾는 물건이 있을 경우, (특히 구하기 힘든 물건일 경우엔) 바로 사러 갈 테니 다른 사람에게 팔지 말고 가지고(hold) 있어 달라고 부탁하면 해당 물건을 진열대에서 빼내서 따로 보관해 준다.

22. 얼마에 샀는지 물어볼 때

How much did you pay for it?

얼마 주고 사셨어요?

쇼핑의 묘미는 좋은 상품을 저렴한 가격에 구입하는 데 있다. 그래서 우리는 곧잘 새로 산 물건의 가격을 화제로, '싸게 샀다'느니 '바가지 썼다'느니 하며 이야기를 나눈다. 이번 Unit에서는 구입한 상품의 가격에 대해 대화할 때 필요한 표현들을 익혀 보자.

[대표표현]

얼마 주고 사셨어요?	**How much did you pay for it?** **How much did it set you back?**
20달러 주고 샀습니다.	**I paid 20 dollars (for it).** **It set me back 20 dollars.**

Step 1 기본표현 뿌리 내리기

point 1

'얼마 줬다'는 표현
- **I pay ~ for**
- **~ cost me**
- **~ set me back**

⇨ pay, cost, set ~ back을 이용해 '돈이 얼마 들었다'를 표현한다.

얼마 주고 사셨어요?

20달러 주고 샀습니다.

point 2

'싸다'는 표현
- **a good buy**
- **a good deal**
- **a real bargain**

⇨ 모두 '아주 싸게 산 물건'이란 영어표현이다.

아주 싸게 사셨네요.

거저나 다름없네요.

그거 진짜 싸네요.

How much did you pay for it?

How much did it cost you?

How much did it set you back?

> pay ~ for ...는 사람을 주어로 '…에 대하여 내가 얼마를 지불하다'이고, cost나 set ~ back은 사물을 주어로 '~가 내게 얼마의 비용을 들게 하다'란 뜻이다.

I paid 20 dollars (for it).

It cost me 20 dollars.

It set me back 20 dollars.

That's a good buy.

That's a good deal.

That's a real bargain.

> a good buy, a good deal, a real bargain 모두 '싸게 산 것'이란 의미이다.

That's a steal.

That's dirt cheap.

> a steal은 '훔친 물건'이란 뜻으로, 그만큼 싸다는 뜻이다. 또는 dirt cheap이라고 해도 '매우 싼, 헐값의'란 표현이 된다. dirt cheap은 우리말의 '더럽게 싼' 정도의 뉘앙스.

Step 2 응용표현 가지 뻗기

얼마에 샀다고 말할 때	정확히 52달러 50센트 들었습니다.
	할인해서 30달러에 샀습니다.
자기가 산 것을 비싸게 샀다고 말할 때	엄청 많은 돈이 들었습니다.
	그 자동차를 엄청난 돈을 주고 샀습니다.
남이 산 것을 비싸게 샀다고 말할 때	엄청난 가격이네요!
	바가지 쓰셨네요.

It was 52^{50} to be exact.

➪ to be exact는 '정확하게 말해서, 엄밀하게 말해서'란 뜻.

I bought it on sale for 30 dollars.

➪ 가격에 대해 말할 때 '할인해서 얼마'라는 식으로 얘기하는 일이 많은데, 이는 on sale for ~라고 표현한다.

It cost me a fortune.
It cost me an arm and a leg.

➪ '돈이 얼마가 들다'는 It cost me ~라고 표현하는데, ~ 자리에 구체적인 액수가 아니라 a fortune(엄청나게 많은 돈)이나 an arm and a leg(한 팔과 한 다리) 등을 넣으면 '매우 비싸다'란 표현이 된다.

I paid through the nose for the car.

➪ pay through the nose for는 '코를 떼어줄 만큼 많은 돈을 주고 사다'란 뜻의 관용표현.

That's a lot of money!
That's steep!

➪ a lot of는 '~이 많은', steep은 가격이 '매우 비싼, 매우 높은'.

I think you got ripped off.
That's a rip-off.

➪ rip ~ off는 '~에게 바가지를 씌우다'란 뜻으로, '바가지 쓰다'라고 하려면 be[get] ripped off라고 수동태로 표현해야 한다. 또는 a rip-off라고 쓰면 '바가지'라는 뜻의 명사가 된다.

Step 3 실전회화 유창해지기

Challenge: 1

A: 이 소파 아주 멋있네요. 새 제품인가요?
B: 아뇨, 이베이에서 중고로 샀어요.[1]
A: 그렇지만 새것이나 다름없어[2] 보이는데요. **얼마 주셨어요?**
B: 배송비 포함해서 350달러요.
A: 야, **거저네요!**

A: This is a beautiful sofa. Is it a new one?
B: No, I bought it used on eBay.
A: But it's as good as brand-new. **How much did you pay for it?**
B: 350 dollars including shipping.
A: Wow, **that's a steal!**

[1] **중고로 사다** buy ~ used 또는 buy ~ second-hand라고 한다. used, second-hand는 '사용한, 중고품의'란 뜻.

[2] **새것이나 다름없는** '아주 새것의'는 brand-new라고 하고, '~이나 마찬가지의, ~과 다름없는'은 as good as를 쓴다.

A: 정말 좋은 사진기네요. **얼마 주셨어요?**

B: 450달러요. 카메라 월드에서 샀어요.

A: 진짜요? 지난 주에 같은 모델이 베스트 바이에서 350달러에 세일하고[1] 있던데요.

B: 진짜요? **제가 바가지를 썼나 보군요.**

A: That's really a fine camera. **How much did it set you back?**

B: 450 dollars. I bought it from Camera World.

A: Really? I saw the same model on sale for 350 at Best Buy last week.

B: Are you sure? Then, **I think I got ripped off.**

---

[1] 세일하는 '세일하는, 할인하는'은 on sale이라고 한다.

Review Units 21~22

1. 다음 우리말 대화를 영어로 말해 보세요.

(1) A: 이것을 후지불로 살 수 있습니까?
    B: 죄송합니다만, 이 제품은 후지불 대상이 아닙니다.

(2) A: 이것을 다른 걸로 교환하고 싶습니다.
    B: 영수증 있으세요?

(3) A: 그 차 얼마 주고 사셨어요?
    B: 만 오천 달러요.

(4) A: 이걸 550달러 주고 샀습니다.
    B: 바가지 쓰셨네요. 제 동생은 같은 물건을 400달러에 샀는데요.

2. 다음 문장 중 틀린 부분을 고쳐 보세요.

(1) I'd like to exchange this with a new one.

(2) I'd like to return this and refund.

(3) It's dirty cheap.

(4) It costed 45 dollars to me.

(5) I paid with the nose for the car.

Answers

1. (1) A: Can I put this on layaway? B: I'm sorry. There's no layaway on this item.
(2) A: I'd like to exchange this for something else. B: Do you have the original receipt?
(3) A: How much did you pay for the car? B: 15,000 dollars.
(4) A: I paid 550 dollars for this. B: That's a rip-off. My brother got the same thing for 400 dollars.

3. 우리말 문장에 맞게 영어 문장의 빈칸을 완성해 보세요.

(1) 이 제품에 대하여 품절 교환권을 주실 수 있어요?
Can I get _____?

(2) 이것을 같은 제품으로 교환하려고 합니다.
I'd like to _____.

(3) 할인해서 500달러에 샀습니다.
I bought it _____.

(4) 정말 싸게 사셨네요.
That's a _____.

(5) 엄청 많은 돈이 들었습니다.
It cost me _____.

Answers

2. (1) with → for (2) and refund → for a refund (3) dirty cheap → dirt cheap (4) costed 45 dollars to me → cost me 45 dollars (5) paid with the nose → paid through the nose
3. (1) a rain check on this item (2) exchange this for a new one 또는 get an even-exchange for this (3) on sale for 500 dollars (4) good buy 또는 great deal 또는 real bargain (5) a fortune 또는 an arm and a leg

미국 상점의 종류

Department Store 미국은 취급 상품에 따라 백화점에도 등급이 매겨지는데, 각 등급별로 대표적인 백화점들을 들자면 다음과 같다.

> **고급 백화점:** Fifth Saks Avenue, Nieman Marcus
> **상급 백화점:** Macy's, Bloomingdale's
> **중급 백화점:** JCPenny, Dillard's, Lord & Taylor, Filene's
> **할인 백화점:** Target, Wal-Mart, Kmart, Woolworths

Factory Outlet 재고(overstock)나 약간의 흠이 있는 상품(imperfect)을 제조 회사가 직판하는 상점들이 모여 있는 factory outlet이야말로 미국 쇼핑에서 빼놓을 수 없는 코스이다. 보통 50~30%까지 할인을 받을 수 있다.

Discount Store 주로 백화점에서 팔리지 않은 물건을 처리하는 곳으로, Marshall's, TJ Maxx, Ross 등이 대표적인 할인매장이다. 때론 Wal-Mart, Target 등의 할인 백화점을 discount store로 분류하기도 한다.

Thrift Store, Salvation Army Store 미국인들은 앞마당에서 yard sale, 차고에서 garage sale, 이사 가면서 moving sale 등을 열어 필요 없는 물건들을 직접 내다 파는데, 이렇게 해서도 처분하지 못한 상품은 thrift store(재활용센터)나 Salvation Army store(구세군매장)에 기증한다.

Dollar Tree 모든 물건을 1달러에 판매하는 1달러 상점 중 가장 널리 알려진 곳이 바로 Dollar Tree이다. 1달러 상점이라고 우습게 볼 것이 아니다. 미국 전역에 체인점이 있는 이곳에 가면 각종 생활잡화는 거의 다 구할 수 있다. 용돈을 받아 쓰는 청소년이나 알뜰쇼핑을 하려는 사람들 사이에서 인기가 있다.

Chapter 7
외식

23 자리를 요청할 때
Can we have a table for three?

24 식사 주문
I'd like the chicken.

25 한잔 하러 갈 때
How about a drink after work?

23 자리를 요청할 때

Can we have a table for three?

세 명 자리 있습니까?

우리나라에선 식당에 가면 손님 맘대로 빈 자리를 골라 앉지만 미국의 경우는 식당 앞에서 안내를 받아야 한다. 이번 Unit에선 식당에 가서 자리를 잡을 때까지의 상황에서 사용할 수 있는 영어표현을 익혀 본다.

[대표표현]

자리 있습니까?	**Can we have a table?**
세 명 자리 있습니까?	**Can we have a table for three?** **Do you have a table for three?** **Table for three, please.**

Step 1　기본표현 뿌리 내리기

point 1 **자리 요청하기** ● Can we have ~? ● Do you have ~? ⇨ 식당이나 상점에서 have로 '~을 달라'고 요청한다.	자리 있습니까?
	세 명 자리 있습니까?
	구석 자리에 앉을 수 있을까요? 창가 자리에 앉을 수 있을까요? 부스에 앉을 수 있을까요?
point 2 **예약 사항을 확인할 때** ● have a reservation ● 예약 내용은 for ~ ⇨ '예약을 하고 왔다'는 have a reservation을 써서 표현하고, 좀 더 구체적인 예약 내용은 for ~를 사용해서 말한다.	예약하셨습니까?
	7시 30분에 예약을 했는데요. 예약하지 않고 왔는데요. '동민'이란 이름으로 두 사람 자리를 예약했는데요.

Can we have a table?

⇨ 우리말로는 '자리'라고 하는데, 영어에선 table이라고 한다.

Can we have a table for three?
Do you have a table for three?
Table for three, please.

⇨ 식당이나 상점에서 Do you have ~?라고 물으면 '~이 있느냐?'로 간접적인 요청의 표현이 된다. Can we[I] have ~?는 '~을 달라'는 표현이다.

Can we have a table in the corner?
Can we get a table by the window?
Can we get a booth? / Can we sit in a booth?

⇨ Can we have ~?는 Can we get ~?이라고 해도 마찬가지.

Do you have a reservation?

⇨ '예약하다'는 make a reservation이지만, 여기서는 '예약을 하고 왔다'는 뜻이므로 '예약이 되어 있다'는 의미의 have a reservation을 써야 한다.

We have a reservation for 7:30.
We don't have a reservation.
We have a reservation for a table for two in the name of Dongmin.

⇨ '~ 시에, ~ 자리를' 등 구체적인 예약 내용은 전치사 for를 써서 표현한다. '~라는 이름으로'는 in[under] the name of ~라고 한다.

Step 2 응용표현 가지 뻗기

몇 명인지 묻고 답하는 표현	몇 분이십니까?
	혼자입니다.
원하는 자리를 묻고 답하는 표현	금연석과 흡연석 중 어디로 드릴까요?
	아무데나 괜찮습니다.
	아무데나 먼저 나오는 데로 주세요.
자리가 없을 때	지금 자리가 없습니다.
	기다리시겠어요?
	대기자 명단에 이름을 올려놓으시겠어요?
대기시간을 물을 때	얼마나 기다려야 하나요?
	15분 정도 기다리셔야겠습니다.
자리를 안내할 때	김 선생님 일행분들, 자리가 준비되었습니다.
	이쪽으로 오세요.
	저를 따라 오세요.

How many? / How many in your party?
  여기서 party는 '일행'이란 뜻이다.

Just me.

(Would you like) Smoking or non-smoking?

Either one. / It doesn't matter.
Whichever comes available first.

We're full right now.
Our tables are all full at the moment.
  right now와 at the moment는 '지금 현재, 지금 당장'의 의미.

Would you like to wait?
Would you like (to put) your name on the waiting list?

How long is the wait?
How long will we have to wait?

There is a wait of about 15 minutes.

Kim party, your table is ready.
Please come this way. / This way, please.
Follow me, please. / If you'll follow me, please.
  If you'll ~.은 '당신이 ~하신다면'으로 완전한 문장이 아니지만, 실제로는 부탁의 표현이다.

Step 3 실전회화 유창해지기

Challenge: 1

A: 도와드릴까요?
B: 예. 세 명이 앉을 자리를 주십시오.
A: **흡연석이요, 금연석이요?**
B: **금연석이요.**
A: **이쪽으로 오십시오.**

A: May I help you?
B: Yes. **Do you have a table for three?**
A: **Smoking or non-smoking?**
B: **Non-smoking, please.**
A: **This way, please.**

Challenge: 2

A: **몇 분이세요?**
B: 세 명이요. **구석 쪽에 자리가 있습니까?**
A: 예. 지금 자리를 치우는 중이니까, 잠시만 기다리세요.[1]
B: 알겠습니다.

A: **How many?**
B: Three. **Can we get a table in the corner?**

A: Sure. They're clearing the table right now. So, it'll be just a minute.

B: All right.

> 1 잠시만 기다리세요 Please wait a minute.라고 해도 되지만, It'll be just a minute.나 It'll be just a few minutes.란 표현도 익혀 두자.

A: 네 명이 앉을 자리가 있습니까?

B: 죄송하지만 지금 자리가 없습니다.

A: 그러면 대기자 명단에 이름을 올려놓을 수 있을까요?

B: 그러시죠. 흡연석과 금연석 중 어디로 하시겠습니까?

A: 아무데나 자리가 먼저 나는 데로 주십시오.[1]

A: **Can we have a table for four?**

B: I'm sorry **we're full at the moment.**

A: Then, can we be put on the waiting list?

B: Certainly. **Would you like smoking or non-smoking?**

A: **Whichever comes available first.**

> 1 아무데나 자리가 먼저 나는 데로 주십시오 우리말식으로 생각하면 어려운데, Whichever(어느 것이나)와 come available first(먼저 이용 가능하게 나오다)를 사용하면 간단하다.

식사중에 포크나 수저가 바닥에 떨어졌다면?

한국이건 미국이건 식당에서 음식을 먹는 것이야 다를 게 없겠지만, 다음 사항들을 유의해서 행동하면 매너 있는 손님이라는 평가를 받으며 즐겁게 식사하고 나올 수 있다.

식당에 자리를 잡을 때

미국 식당에선 손님이 아무데나 가서 앉으면 안 되고, 반드시 입구에서 기다리다 식당 안내원(receptionist)의 안내를 받아 자리에 앉는다. 식당 입구에 Please wait to be seated.라는 간판이 있는 경우가 많은데, 이 말은 '자리를 안내 받을 때까지 기다려 주십시오'란 뜻이다.

식사중 꼭 지켜야 할 매너

식사를 하다가 포크나 수저가 바닥에 떨어졌다면? 이 때는 이를 집지 않고 웨이터를 불러서 새로운 포크나 수저를 갖다 달라고 부탁하는 것이 식사 매너이다. 식사중에 종업원을 부를 때 큰 소리로 Waiter!라고 부르는 것도 매너에 어긋나는 것이다. 종업원이 시야에 나타날 때까지 기다렸다 손을 들어 의사 표시를 하도록 한다. 가까이 있다면 Excuse me!라고 불러도 된다. 다른 손님의 시중을 들고 있는 종업원을 부르는 것도 결례가 된다.

식사가 끝난 후 계산할 때

식사가 끝나면 종업원을 불러서 계산서를 달라고 한다. 팁은 식대의 15~20%를 주는데, 점심 때는 보통 15%, 저녁 땐 20%를 준다. 정확히 따지면 세금을 뺀 순수 식대에 대한 퍼센트이다. 서비스가 마음에 안 들면 15% 이하, 또는 아예 팁을 놓지 않고 나가도 된다. 팁은 현금은 컵 아래 놓고, 신용카드라면 영수증의 TIP란에 액수를 적고 Total란에 합계를 낸 후 서명한다.

24 식사 주문

I'd like the chicken.

저는 닭요리로 주세요.

우리나라의 식당에선 자리에 앉자마자 종업원이 주문을 하라고 해서 난감할 때가 있는데, 미국에서는 비교적 시간적 여유를 갖고 메뉴를 검토할 수 있다. 미국에서는 일단 자리를 안내 받아 앉으면, 먼저 음료를 주문한다. 그러면 종업원은 주문한 음료를 일단 가져다주고, 잠시 메뉴를 고를 수 있도록 기다렸다가 다시 주문을 받으러 오는 게 보통이다. 이번 Unit에서는 주문하고 식사할 때 필요한 영어표현을 익혀 보자.

[대표표현]

주문하시겠어요?	**May I take your order now?** **Are you ready to order?**
저는 닭요리로 주세요. 저는 새우요리로 하겠습니다.	**I'd like the chicken.** **I'll have the shrimp.**

Step 1 기본표현 뿌리 내리기

point 1
'~을 드시겠습니까?'
- Would you like ~?
- Would you care for ~?
- Can I get you ~?

⇨ 식당에서 웨이터가 주문을 받을 때 쓰는 전형적인 표현이다.

마실 것 좀 드시겠어요?

구운 감자도 곁들여 하시겠어요?

전채요리 드시겠어요?

후식 드시겠어요?

마실 것 좀 갖다 드릴까요?

저녁식사 전에 술을 좀 갖다 드릴까요?

point 2
주문하기
- I'll have ~
- I'd like ~

⇨ 음식을 주문할 때 쓰는 기본적인 표현이다.

주문하시겠어요?

저는 닭요리로 주세요. / 저는 새우요리로 하겠습니다.

저도 같은 것으로 주세요.

Would you like something to drink?
Would you like a baked potato with that?
Would you care for an appetizer?
Would you care for dessert?

> Would you like ~?와 Would you care for ~?는 둘 다 '~을 드시겠습니까?'란 뜻으로, 식당에서 종업원이 주문을 받을 때 쓰는 전형적인 표현이다. something to drink는 '마실 것, 음료'란 의미.

Can I get you something to drink?
Can I get you something from the bar before dinner?

> Can I get you ~?(~을 갖다 드릴까요?)도 주문을 받을 때 쓰는 전형적인 표현이다. something from the bar(바에서 가져올 수 있는 것)는 '주류'를 뜻한다.

May I take your order now?
Are you ready to order?
Would you like to order now?

> be ready to는 '~할 준비가 되어 있다'.

I'd like the chicken. / I'll have the shrimp.
I'll have the same, too. / Make it two, please.

> Make it two.는 방금 다른 사람이 주문한 것을 '두 개로 하라'는 뜻으로, 만약 세 번째 사람이 자기도 같은 것으로 주문하려면 Make it three.라고 하면 된다.

Step 2 응용표현 가지 뻗기

음료를 주문 받을 때	마실 것부터 갖다 드릴까요?
무엇을 가지고 오겠다고 할 때	곧 갖다 드리겠습니다. 음료를 곧 갖다 드리겠습니다.
특선요리에 대해 묻기	추천할 만한 음식이 무엇입니까? --- 오늘의 특선요리는 무엇입니까? 오늘 주방장 특선요리는 무엇입니까? 특선요리는 없습니까?
특선요리 소개하기	오늘의 특선요리는 저쪽 게시판에 적혀 있습니다. 오늘 특선요리는 프라임 립, 새우튀김과 도미구이입니다. 오늘의 특선요리를 말씀 드릴까요?

Can I get you something to drink first?
Can I start you with something to drink?
Can I get you started with drinks?
Would you like something to drink first?

⇨ start with는 '~으로부터 시작하다, 먼저 ~을 하다'의 뜻이다.

Coming right up!

I'll be right back with your drinks.

⇨ 한 사람인 경우는 -s를 빼고 단수로 쓴다. drinks 대신에 orders(주문한 음식), dinner(저녁식사요리), change(잔돈) 등을 넣어 쓸 수 있다.

What would you suggest?
What would you recommend?

What are today's specials?
What's the chef's special today?
Do you have any specials?

Today's specials are (listed) on the board over there.

Today's specials are prime rib, fried shrimp and baked snapper.

Would you like to hear about today's specials?

⇨ 영어로는 '특선요리에 관하여 듣고 싶습니까?'라고 표현한다.

주문할 음식을 정하지 못했을 때	조금만 더 시간을 주시겠어요?
	아직 결정을 못했습니다.
	주문하겠습니다.
손님끼리 주문할 것을 상의할 때	뭐 주문하실 거예요?
	칠면조 샌드위치를 시킬까 해요.
	저는 좀 더 양이 많은 것을 시켜야겠어요.
	저도 같은 걸로 시킬게요.
음식을 주문할 때	(전채 요리로) 콤보 플레이트부터 하겠습니다.
	저는 콜라를 주십시오.

응용표현 가지 뻗기 Step 2

Could we have a few more minutes?
Could you give us a few more minutes?
We need a few more minutes to decide.

⇨ ~ to decide는 '결정하기 위해선'의 의미.

We haven't decided, yet.

We're ready (to order).

What are you having?
What are you going to order?

⇨ 현재진행형이지만 '무엇을 먹을 것이냐?'는 뜻으로 가까운 미래를 나타낸다.

I think I'll have the turkey sandwich.

I'll go for something heavier.

⇨ go for는 '~을 선택하다'의 뜻이다.

I'll have that as well.
I guess I'll have the same.

⇨ 종업원에게 하는 말일 수도 있다.

We'll start off with the combo plate.

I'll have a Coke.

⇨ 원래 콜라나 커피 같은 음료는 셀 수 없는 물질명사로 앞에 a, an과 같이 부정관사를 쓸 수 없지만, 주문할 때는 예외이다. a coffee, a lemonade, an orange juice 등 여러 음료의 이름을 넣어서 연습해 보자.

종업원이 주문을 받을 때	구운 감자도 곁들여 주문하시겠어요? 저녁식사와 함께 와인 한 병도 갖다 드릴까요?
	스테이크는 어떻게 해 드릴까요? 계란요리는 어떻게 해 드릴까요? 감자는 어떻게 해 드릴까요?
	샐러드엔 어떤 드레싱을 얹어 드릴까요?
추가로 필요한 것이 있는지 물어볼 때	다 괜찮으세요? 뭐 좀 더 갖다 드릴까요? 음료[커피] 좀 더 드릴까요?
기타 주문에 관한 표현	거기에 샐러드도 딸려 나오나요? 거기엔 무엇이 딸려 나오나요? 물 좀 더 주시겠어요?

응용표현 가지 뻗기 Step 2

Would you like a baked potato with that?

Would you like a bottle of wine with your dinner?

⇨ 앞에서 배웠듯이 주문을 받는 기본표현인 '~을 드시겠어요?'는 Would you like ~?를 쓴다.

How would you like your steak (done)?

How would you like your eggs?

How would you like your potato?

⇨ '~은 어떻게 해 드릴까요?'는 How would you like your ~?를 써서 표현한다.

What kind of dressing would you like on your salad?

⇨ '어떤 종류의 ~으로 드릴까요?'는 What kind of ~ would you like? 구문을 쓴다.

How's everything?

Is everything all right?

Can I get you anything else?

Would you like a refill of your drink[coffee]?

Does that come with a salad?

What comes with that?

Could I have more water, please?

Step 3 실전회화 유창해지기

Challenge: 1

A: 메뉴 여기 있습니다. **오늘의 특선요리는 저기 게시판에 적혀 있습니다. 뭐 마실 것부터 드릴까요?**

B: 직접 만든 레모네이드[1] 있습니까?

A: 물론이죠.

A: Here are your menus. **Today's specials are on the board over there. Can I get you started with something to drink?**

B: Do you have fresh lemonade?

A: We sure do.

---

[1] **직접 만든 레모네이드** 간단하게 fresh lemonade라고 하면 된다.

A: 주문하시겠어요?

B: 저, 조금만 더 시간을 주시겠어요?

A: 네. 천천히 하세요.[1] 주문하실 준비가 되시면 말씀해 주십시오.[2]

A: **Are you ready to order?**

B: Well, **could you give us a few more minutes?**

A: Sure. Take your time. Just let me know when you're ready to order.

---

[1] **천천히 하세요** '충분히 시간을 갖고 하다'란 뜻의 Take your time.이란 표현을 쓴다.

[2] **주문하실 준비가 되었으면 말씀해 주십시오** '말씀해 주십시오'라고 해서 Please tell me ~라고 하면 좀 이상하고, '~에게 알려주다'는 뜻의 let ~ know가 적당하다.

Challenge: 3

A: 저는 뉴욕 스테이크와 구운 감자로 하겠습니다.

B: 알겠습니다. 스테이크는 어떻게 구워 드릴까요?

A: 중간보다 좀 더 구워 주세요.

B: 식사에 샐러드와 수프가 같이 나오는데요.[1] 샐러드 드레싱은 어떤 것으로 하시겠습니까?

A: 허니 머스타드가 있으면 주십시오.[2]

A: **I'll have the New York steak with a baked potato.**

B: All right. **How would you like your steak done?**

A: Medium well done, please.

B: The dinner comes with a salad and a soup. **What kind of dressing would you like on your salad?**

A: Honey mustard, if you have it.

---

[1] **샐러드와 수프가 같이 나오는데요** '~이 같이 나오다'는 comes with ~(~와 함께 나오다)를 쓰거나, be served with ~(~와 함께 제공되다)라고 할 수 있다.

[2] **허니 머스타드가 있으면 주십시오** '있으면'은 if you have it. 대표적인 salad dressing으론 ranch, Italian, Caesar, thousand island, blue cheese, honey mustard 등이 있고, 식당에서 독자적으로 만든 dressing은 house dressing이라고 한다.

A: **다 괜찮습니까?**

B: 예, 좋습니다. 감사합니다.

A: **커피를 좀 더 드릴까요?**

B: 아뇨, 됐습니다.

A: **디저트 하시겠어요?**

B: 아뇨. 배가 불러서요.[1]

A: **How's everything?**

B: Great. Thank you.

A: **Would you like a refill on your coffee?**

B: No, thank you.

A: **Would you like dessert?**

B: No, thanks. We're full.

[1] 배가 불러서요 '배가 부르다'는 be full 또는 be stuffed라고 한다.

미국인들의 별 볼일 없는 일상 식사

매끼 따뜻한 식사를 먹고 사는 우리 기준에서 보면, 미국 사람들의 평소 식사는 정말 별 볼일 없다. 아침은 대충 식빵이나 베이글을 구워 먹고 여기에 삶은 계란, 시리얼, 주스, 우유, 과일 정도면 잘 먹는 편이다.

점심은 식당에 가서 먹지 않는 한 샌드위치, 샐러드, 햄버거, 도너츠 정도가 고작이다. 샌드위치라 해도 대단한 게 아니라 집에서 식빵에 땅콩버터 같은 것을 발라 싸 가는 경우도 많다. 그나마 요리다운 요리를 해 먹는 것은 저녁인데, 그것도 스파게티나 파스타같이 시간이 많이 걸리지 않는 음식이 대부분이다. 주말이 되어 슈퍼마켓에서 사 온 스테이크 고기 위에 인스턴트 향료를 뿌려서 바비큐를 해 먹는 정도가 특별요리에 속한다.

상황이 이렇다 보니 미국에선 전자레인지(microwave)나 가스레인지(stove)에 데우기만 하면 바로 먹을 수 있는 냉동요리가 많이 팔리는데, 이런 음식을 TV dinner라고 한다. TV dinner는 1950년대에 미리 요리된 음식을 냉동해서 TV처럼 생긴 알루미늄 식판에 담아서 팔기 시작한 것에서 유래한 말이다. 그런 것이 요즘은 'TV를 보면서 간단하게 데워 먹을 수 있는 냉동음식'이란 의미로 바뀌었다. 미국 슈퍼마켓에 가면 이런 TV dinner 요리가 냉동칸을 가득 메우고 있는 것을 볼 수 있다.

25 한잔 하러 갈 때

How about a drink after work?

퇴근 후에 한잔 어때요?

가벼운 술자리만큼 사람들을 친숙하게 만들어 주는 것도 없다. 외국인을 상대로 사업을 하거나 외국인 친구가 있는 경우, 포도주라도 한잔 하면서 이야기를 나누면 분위기가 훨씬 좋아질 수 있다. 이때 술자리에서 자주 쓰이는 표현 몇 가지만 익혀두면, 위축되지 않고 즐거운 대화를 나눌 수 있을 것이다.

[대표표현]

술 마시러 갑시다.	**Let's hit the bar.**
술 한잔 하러 가죠?	**Why don't we go for a drink?**
퇴근 후에 한잔 어때요?	**How about a drink after work?**
우리의 우정을 위하여!	**Here's to our friendship!**

Step 1 기본표현 뿌리 내리기

point 1

~ 합시다

- Let's ~
- Why don't we ~?
- How about ~?

⇨ '~합시다'란 다양한 제안의 표현을 익힌다.

술 마시러 갑시다.

술 한잔 하러 가죠?

퇴근 후에 한잔 어때요?

point 2

건배의 표현

- Cheers!
- Here's to ~!
- Bottoms up!

⇨ '~을 위하여', '건배', '원샷' 등의 영어표현을 익힌다.

건배합시다!

건배!

우리의 우정을 위하여!

당신의 행복을 위하여!

그것을 기념해서 한 잔!

(술을 따르며) 됐으면 말씀하세요.

원샷!

(술잔을 마저) 비웁시다.

Let's hit the bar.

Why don't we go for a drink?

How about a drink after work?

> ⇨ Let's ~, Why don't we ~?, How about ~? 모두 '~ 합시다'란 제안의 표현인데, 다만 How about ~? 뒤에는 명사나 동명사 형태가 와야 한다는 것에 주의한다. hit the bar(바를 때리다)는 '바에 가서 술을 마시다'란 의미이다.

Let's toast. / I'd like to propose a toast.

> ⇨ toast는 '토스트 빵' 이외에 '건배(하다)'란 의미도 가지고 있다. propose a toast는 '건배를 제안하다'.

Cheers! / Down the hatch!

Here's to our friendship!

Here's to your happiness!

> ⇨ Here's to ~!는 '~에 대하여 건배!'라는 의미로, Here's to you! Here's to us!와 같은 표현이 자주 사용된다.

I'll drink to that!

Say when.   ⇨ Say when.(When이라고 말하세요)은 상대에게 술을 따르면서 '됐으면 말하라'는 뜻으로, 상대방이 '그만 됐습니다'라고 할 때는 When.이라고 말하면 된다.

Bottoms up!

Drain it! / Drink up!

Step 2 응용표현 가지 뻗기

술을 하자고 제안할 때	만나서 술 한잔 합시다.
	여러 집 돌면서 술을 마셔 봅시다.
	오늘 한 번 밤새도록 놀아 봅시다.
	맥주 한두 잔 정도는 좋습니다.
	맥주 한 잔 정도는 괜찮겠지요.
바텐더가 주문을 받을 때	어떤 것으로 드릴까요?
술을 주문할 때	맥주 주세요.
	같은 것으로 한 잔 더 주세요.
	어떤 종류의 맥주가 있습니까?

Let's meet for a drink.

Let's go bar-hopping.
Let's go paint the town red.

⇨ go bar-hopping은 '여러 술집을 돌면서 술을 마시다'로, '2차, 3차를 가다'란 우리말과 비슷하다. go on a bar crawl도 같은 의미의 영국식 표현이다. paint the town red(도시를 붉게 칠하다)는 '술을 시끌벅적하게 마시며 놀다'라는 뜻.

I don't mind a beer or two.
I guess one beer wouldn't hurt.

⇨ ~ wouldn't hurt(다치게 하지 않을 것이다)는 '~정도는 괜찮다'는 표현.

What'll it be, sir? / What's yours?
What will you have?
What can I get you?
What's your pleasure?

I'd like a beer.

⇨ '~ 주세요'는 I'd like ~, I'll have ~ 를 쓴다. ~ 자리에 a Bud(버드와이저), a draft beer(생맥주), a Coke(코카콜라), a mineral water(생수) 등의 표현을 넣어 써 보자.

I'd like another (one of this).
I'll have another of the same.
Give me another, please.

What kinds of beer do you have?

한 잔 더 하자고 할 때	한 잔씩 더 합시다.
	제가 살 테니 한 잔씩 더 합시다.
	이번엔 제가 사죠.
취기와 관련된 표현	약간 취기가 도는군요. / 위스키 때문에 취기가 도는데요.
	충분히 마신 것 같아요.
	술을 너무 많이 마신 것 같아요.
	제 주량을 넘어섰습니다.
술을 안 하거나 할 수 없을 때	죄송합니다만, 저는 술을 안 합니다.
	저는 술을 전혀 안 합니다.
	저는 술을 별로 좋아하지 않습니다.
	작년에 술을 끊었어요.
	지금 금주중입니다.

응용표현 가지 뻗기 Step 2

Let's go for another round.

Let's have another round, on me.

It's my round. / This round's on me.

⇨ go for는 '선택하다'란 뜻이고, round는 술을 한 잔씩 비우는 '한 차례'를 가리킨다. '내가 낸다'고 할 때는 전치사 on을 써서 on me라고 하면 된다.

I'm a little tipsy. / The whiskey's going to my head.

⇨ tipsy는 '약간 취한'이란 표현. 술을 주어로 go to one's head라고 하면 '(그 술을 마셔서) 머리가 어지럽다'는 뜻이 된다.

I think I've had enough.

I think I've had too much to drink.

I'm over my limit.

⇨ have too much to drink는 '너무 많이 마시다', limit는 '주량'의 의미.

I'm sorry, I don't drink.

I don't touch a drop.

I'm not much of a drinker.

⇨ not touch a drop은 '술을 한 방울도 안 마시다'란 뜻이고, not much of a[an] -er는 '~을 별로 좋아하지 않다'는 의미.

I quit[gave up] drinking last year.

I'm on the wagon now.

⇨ '술을 끊다'는 quit이나 give up을 쓴다. on the wagon은 마차를 모는 동안은 술을 금했던 데서 유래해서 '일시적으로 금주중인'이란 뜻.

Step 3 실전회화 유창해지기

Challenge: 1

A: 어이, 밥! 웬일이야?
B: 우리 저녁에 만나서 술 한잔 할까?
A: 좋지. 5시에 퇴근이니까,[1] 그 후 아무 때나 괜찮아.
B: 그래. 그러면 5시 10분쯤 자네 사무실로 갈게.[2]

A: Hey, Bob! What's up?
B: **Why don't we meet for a drink tonight?**
A: Sounds great. I get off work at five. So, anytime after that is fine.
B: All right. Then, I'll come to your office around 5:10.

[1] **퇴근하다** '퇴근하다'에는 get off work, leave for the day 등의 다양한 표현이 있는데, 상대방의 퇴근시간을 물어볼 때는 What time do you *get off work*?라고 한다. 하지만 '그는 이미 퇴근하셨습니다'와 같이 퇴근한 상태를 말할 때에는 He's *left for the day*.라고 한다.

[2] **사무실로 가다** 이 대화에서의 '가다'는 go가 아니라 come인데, 상대방에게 가는 것은 come을 쓰고 제3자에게 갈 때만 go를 쓴다. 가령, 누가 불러서 "가요!"라고 할 때는 I'm coming!이라고 해야지, I'm going! 하면 '딴 데 간다'는 소리가 된다.

A: 퇴근 후에 술 한잔 어때요?

B: 그러고 싶긴 한데, **지금 약을 먹고 있는 중이라**[1] **술을 자제하고 있습니다.**

A: 그러면 알코올이 안 든 음료를 시키면 되잖아요. 부드러운 분위기에서 대화나 해 볼까[2] 해서 하는 말이에요.

A: **How about a drink after work?**

B: I'd like to, but **I'm on the wagon right now**, while I'm taking some medication.

A: Then, you can order non-alcoholic drinks. I just want to have a chat with you in a relaxing environment.

---

[1] **약을 먹고 있는 중이다** '약을 먹다'는 take 동사를 쓰거나, '약을 먹는 중인'이란 뜻으로 on medication을 써도 된다. 가령, '지금 약을 복용하고 계십니까?'는 Are you *taking* any *medication*? 또는 Are you *on medication* right now?라고 할 수 있다.

[2] **대화를 하다** have a conversation이라고 한다. '가벼운 수다'일 경우엔 have a chat라고 한다.

Challenge: 3

A: 우리의 우정을 위하여! 한 잔씩 더 하자구.

B: 아니야. 그만 해야겠어.[1] **이미 내 주량을 넘었어.** 그리고 내일 일찍 일어나야 하거든.

A: 알겠네. 그럼, 잘 가게. 나는 여기에 조금 더 있다 갈 테니까.[2]

B: 그래. 그럼 내일 봐.

A: **Here's to our friendship! Let's go for another round.**

B: No. I think I'd better call it quits. **I'm already over my limit.** Besides, I have to get up early tomorrow morning.

A: All right. Good night, then. I think I'm going to hang around here a little longer.

B: OK. See you tomorrow.

---

[1] **그만 해야겠어** '그만 하다'는 call it quits란 관용표현이 잘 어울린다. 그 외에 I've had enough.(충분히 마셨다)와 같은 간접적 표현도 사용해 보자. '~해야겠다'는 여기선 '~하는 것이 좋겠다고 생각한다'는 뜻이므로 had better(~하는 편이 낫다) 구문을 사용한다.

[2] **있다 가다** '머물러 있겠다'는 뜻이므로, stay란 동사나 hang around라는 관용표현을 사용하면 된다.

실전회화 유창해지기 Step 3

A: 술 하세요?

B: 아뇨, **3년 전에 술을 끊었어요.** 당신은요?

A: 술 마시는 건 좋아합니다. 하지만 적당히 마시죠.[1] 취할 정도로 마시는 일은 없습니다.

A: Do you drink?

B: No, **I quit drinking three years ago.** How about you?

A: I like drinking. But I'm a moderate drinker. I never drink to get drunk.

> [1] 적당히 마시다 I drink moderately.라고 해도 되지만, a moderate drinker(술을 적당히 마시는 사람)와 같이 명사로 표현하는 것이 더 영어적이다.

Review Units 23~25

1. 다음 우리말 대화를 영어로 말해 보세요.

(1) A: 몇 분이세요?
B: 혼자입니다.

(2) A: 금연석과 흡연석 중 어디로 드릴까요?
B: 아무데나 먼저 나오는 데요.

(3) A: 주문하시겠어요?
B: 아뇨. 조금만 더 시간을 주세요.

(4) A: 어떤 술로 드릴까요?
B: 버드와이저 주세요.

(5) A: 한 잔씩 더 합시다.
B: 아뇨, 충분히 마신 것 같아요.

2. 다음 문장 중 틀린 부분을 고쳐 보세요.

(1) How long will we wait?

(2) There's waiting for about 10 minutes.

(3) Does a salad come together with this?

(4) Can I start you on something to drink?

Answers

1. (1) A: How many in your party? B: Just me.
(2) A: Smoking or non-smoking? B: Whichever comes available first.
(3) A: Are you ready to order? B: No. We need a couple of more minutes to decide.
(4) A: What will it be? B: I'll have a Bud.
(5) A: Let's have another round. B: No, I think I've had enough.

(5) Here's for your health!

(6) I think I've had too much drinking.

3. 우리말 문장에 맞게 영어 문장의 빈칸을 완성해 보세요.

(1) 금연석으로 4명 앉을 자리 있어요?
Can we _____?

(2) 빈 자리가 없습니다.
Our tables _____.

(3) 커피가 같이 나오나요?
Does that _____ coffee?

(4) 립 아이 스테이크로 하겠습니다.
I _____ the rib eye steak.

(5) 여러 술집을 돌면서 마셔 봅시다.
Let's _____.

(6) 맥주 한두 잔 정도는 좋습니다.
I don't _____.

Answers

2. (1) will we → will we have to (2) waiting for → a wait of (3) Does a salad come together with this? → Does this come with a salad? (4) on → with (5) for → to (6) drinking → to drink
3. (1) have a table for four in the non-smoking section (2) are full right now (3) come with (4) 'll have 또는 'd like (5) go bar-hopping (6) mind a beer or two

음주 운전은 바텐더 책임!

'음주 운전'은 말 그대로 Drinking & Driving, 또는 drunk driving이라고 한다. 보다 전문적인 용어로는 DUI(driving under the influence), DWI(driving while intoxicated)라고 하며, impaired driving이라고도 한다. impaired는 '신체능력이 손상된'의 뜻으로, 술을 마셔서 운전 능력이 손상된 상태에서 운전한다는 의미이다.

운전자의 입에서 술 냄새가 날 경우 경찰은 운전자를 차 밖으로 불러내어 '코끝에 손가락을 갖다 대기(touch my nose)', '직선 위를 걷기(walk the line)'와 같은 음주 여부를 가리기 위한 몇 가지 테스트를 실시한다. 이것을 field sobriety test라고 하는데, 여기서 통과하지 못하면 병원에 가서 breathalyzer(입김을 불어서 알코올 농도를 측정하는 기계)를 사용한 breath test나 blood test(채혈검사)를 받는다.

그런데 미국에서는 손님이 술에 취한 상태에서 운전하고 가도록 방치했을 경우, 해당 바텐더와 술집이 처벌을 받게 된다. 따라서 미국의 바텐더들은 술을 마신 손님이 자리를 뜨려고 할 때 술집 매니저에게 자동차 키를 맡기도록 제안하거나, 택시를 불러 주거나, 친구나 가족에게 전화해서 손님을 데리고 가도록 조치를 취해야 한다. 만약에 이런 제안에도 불구하고 손님이 운전해서 가겠다고 고집을 피울 경우, 경찰을 부를 수 있음을 손님에게 고지하고 실제로 경찰을 불러서라도 술 취한 상태에서 운전하는 것을 막아야 한다.

Chapter 8
전화

26 전화를 걸거나 받을 때
Who's this, please?

27 찾는 사람이 전화를 받을 수 없을 때
He's away from his desk.

28 메시지를 남길 때
Please ask her to call me back.

26 전화를 걸거나 받을 때

Who's this, please?

실례지만, 누구시죠?

전화상이라고 해서 완전히 별개의 영어가 쓰이는 것은 아니지만, 전화를 받았는데 갑자기 영어가 들려오면 아주 당황하게 된다. 그러나 전화를 걸거나 받을 때 쓰이는 몇 가지 전형적인 표현들을 익혀 두었다가 처음 몇 마디만 적절히 대응할 수 있으면 당황하지 않고 통화할 수 있다.

[대표표현]

실례지만, 누구시죠?	**Who's this, please?** **Who's calling, please?** **May I ask who's calling, please?**
저는 존입니다.	**This is John.**

Step 1　기본표현 뿌리 내리기

point 1
~를 바꿔 주세요
- May I speak to ~?
- I'd like to talk to ~
- Is ~ there?

⇨ 전화상에서 상대방을 찾고 대답하는 표현을 익힌다.

브라운 씨 좀 바꿔 주시겠어요?

브라운 씨와 통화를 했으면 하는데요.

거기 브라운 씨 있으세요?

전데요.

---

point 2
누구시죠?
- Who's this ~?
- Who's calling ~?
- May I ask who's calling ~?
- Who am I speaking to ~?

⇨ 같은 '누구시죠?'라도 누가 묻느냐에 따라 달라진다.

실례지만, 누구시죠?

실례지만, (전화 거신 분은) 누구시죠?

실례지만, (전화 받으시는 분은) 누구시죠?

---

point 3
신분을 밝힐 때
- This is ~
- ~ speaking
- This is ~ calling

⇨ 전화를 건 사람이냐, 받는 사람이냐에 따라 달라진다.

저는 존입니다.

(전화를 받는 동시에) 존입니다.

(전화 거는 저는) 살리나스 포드 자동차 대리점의 존입니다.

May I speak to Mr. Brown?
I'd like to talk to Mr. Brown.
Is Mr. Brown there?

Speaking. / This is he.

⇨ 받는 사람이 여자일 경우엔 This is she.라고 한다.

Who's this, please?

Who's calling, please?
May I ask who's calling, please?

⇨ 전화를 받는 사람이 건 사람에게 '누구시죠?'라고 물을 때는 Who's this, please?나 Who's calling, please?라고 한다. 좀 더 정중하게는 May I ask who's calling, please?라고 표현한다.

Who am I speaking to, please?

⇨ 전화 건 사람이 받는 사람에게 '누구시죠?'라고 묻는 경우, Who's calling, please?라고 하지 않고 이 표현을 쓴다.

This is John.

(This is) John speaking.

⇨ 전화를 받는 사람이 먼저 신분을 밝힐 때는 This is John.이 아니라 This is John speaking. 또는 John speaking.이라고 한다.

This is John calling from Salinas Ford.

⇨ 전화를 건 사람이 먼저 신분을 밝힐 때는 This is John calling.이라고 한다.

Step 2 응용표현 가지 뻗기

어디에 연결해 달라고 할 때	브라운 씨 좀 연결해 주시겠어요?
	안내 좀 연결해 주시겠어요?
	내선 250번으로 연결해 주시겠어요?
	프리먼 박사와 연결해 주시겠어요?
기다려 달라고 할 때	잠시만 기다리세요.
	잠시만 기다리세요.
	잠깐만 기다려 주시겠어요?
전화를 바꿔줄 때	전화 왔어요.
	어떤 사람이 당신과 통화를 했으면 하는데요.
	3번 라인에 전화가 왔어요.
	3번 라인에 스티븐스 부인에게 전화가 와 있는데, 받으시겠어요?

Can you put me through to Mr. Brown, please?
Could you connect me to the front desk?
Can you transfer me to extention 250?
Can you patch me through to Dr. Freeman?

⇨ 전화상에서 '연결하다'는 put ~ through, connect, transfer, patch ~ through 등의 표현을 쓴다. '~에게'는 각 표현 뒤에 to ~를 붙여 나타내는데, connect의 경우는 to 대신에 with를 써도 된다.

Just a minute. / Just a moment, please.
One moment, please.

⇨ 위 표현들은 전화상에서뿐만 아니라 일반적인 상황에서도 사용된다.

Hold a moment, please. / Hold on, please.
Hold the line, please.

⇨ hold는 '기다리다', hold on은 '기다린 상태를 유지하다'의 의미.

Could I put you on hold for a second?

⇨ 다른 사람과 통화하는 도중에 전화를 받은 경우 쓰는 표현으로, put ~ on hold는 '~를 기다리게 하다'란 뜻이다.

(There's a) Phone call for you.

⇨ a phone call은 '걸려온 전화'. 바로 옆에 있는 사람에게 전화를 건네줄 때는 간단히 It's for you.(당신 전화예요)라고 한다.

Somebody's asking for you on the phone.
Someone wants you on the phone.
You're wanted on the phone.
There's a phone call for you on line 3.
I have Mrs. Stevens on line 3. Will you take the call?

전화를 연결해 주겠다고 할 때	전화를 연결해 드리겠습니다. 소비자 상담실과 연결해 드리겠습니다. 마케팅 부서로 돌려 드리겠습니다. 그 사람에게 전화를 바꿔 드리겠습니다.
전화가 잘못 걸려 왔을 때	전화를 잘못 거셨네요.
	그런 이름을 가진 사람은 없습니다.
	부서를 잘못 찾으셨습니다.
상대방의 목소리가 잘 들리지 않을 때	좀 더 크게 말씀해 주시겠어요? 좀 더 크게 말씀해 주세요. 연결 상태가 안 좋네요.
전화를 끊을 때	이만 전화를 끊어야겠어요.

응용표현 가지 뻗기 Step 2

I'll put you through.

I'll connect you to Customer Service.

I'll transfer you to the Marketing Department.

I'll put him on the phone.

I'm afraid you've got the wrong number.
You must have dialed the wrong number.

There's nobody by that name here.

You've got the wrong extension.

⇨ 전화를 잘못 건 경우는 the wrong number라고 하지만, 부서를 잘못 찾은 경우는 the wrong extension이라고 한다.

Could you speak up a little?

Can you speak louder? We have a bad connection.

I have to go.
I have to get off the phone.

⇨ I have to go.는 '가야 한다'는 말이지만, 전화상에서 '끊겠다'는 말이 된다. 또는 '(탈것에서) 내리다'란 뜻의 get off를 써서 get off the phone이라고 해도 '끊겠다'는 말이 된다.

Step 3 실전회화 유창해지기

Challenge: 1

A: 탑 플레이스 파이낸셜 사의 **앤 모리스입니다.**[1] 무엇을 도와드릴까요?

B: 저는 트레이드소프트 사의 데이비드 코울터입니다. **존슨 씨와 통화를 할 수 있을까요?**

A: **잠깐만 기다리세요.** 그 분이 전화를 받을 수 있는지 알아보겠습니다.[2] 코울터 씨, 연결해 드리겠습니다.

A: Top Place Financial. **Ann Morris speaking!** How may I help you?

B: This is David Coulter at Tradesoft. **May I speak to Mr. Jones?**

A: **Just a moment, please.** I'll see if he's available. **Mr. Coulter, I'll put you through.**

---

[1] **~ 사의 앤 모리스입니다** 회사에서 전화를 받을 때는 회사명을 댄 후에 자신의 이름을 밝히는 것이 에티켓이다. 자신의 이름 뒤에 speaking이란 말만 붙이면 된다.

[2] **전화를 받을 수 있는지 알아보겠습니다** '~한지 알아보다'는 see if ~ 구문을 사용한다. '전화를 받을 수 있는'은 일반적으로 available을 써서 '그가 이용 가능한지'라고 표현한다.

A: 여보세요?

B: 인터넷마케팅 부장이신 **앤터니 태너 씨 좀 바꿔 주시겠어요?**

A: **전화를 잘못하셨네요.**

B: 사이버 트레이딩 사 아닙니까?[1]

A: 아뇨, 개인 휴대폰입니다.

A: Hello?

B: **May I speak to Anthony Tanner**, manager of the e-marketing department?

A: **I'm afraid you've got the wrong number.**

B: Isn't this Cyber Trading Company?

A: No, this is a personal cell phone.

---

[1] ~ 아닙니까? 전화상에서 신분을 밝히거나 물을 때는 '나'와 '상대방'을 this로 칭한다. 따라서 위 질문도 Isn't this ~?라고 한다.

Challenge 3

A: 오즈번 씨가 통화가 가능하면 바꿔 주시겠어요?

B: **부서를 잘못 찾으셨네요.** 그 분은 인사부에 계십니다. 여기는 회계부입니다. **오즈번 씨 부서로 돌려 드리겠습니다.**

A: 감사합니다.

B: 천만에요. 혹시 전화가 끊어지면[1] 내선 27번으로 전화하세요.[2]

A: **May I speak to Mr. Osborn, if he's available?**

B: **You've got the wrong extension.** He's in the Human Resources Department. This is Accounting. **I'll transfer you to his department.**

A: Thank you.

B: No problem. And If you get disconnected, call extension 27.

---

[1] **혹시 전화가 끊어지면** '전화가 끊어지다'는 사람을 주어로 해서 get disconnected(끊어짐을 당하다) 또는 get cut off(차단되다)란 표현을 쓴다.

[2] **내선 27번으로 전화하세요** '~번으로 전화하세요'는 간단히 call ~이라고 하면 된다.

실전회화 유창해지기 Step 3

Challenge: 4

A: 반즈 여사님, 존 클랜시란 사람에게서 전화가 왔는데, 받으시겠어요?

B: 아, 네. **연결해 주세요.** … 존, 어디서 전화하는 거예요?[1]

C: 아직 택시를 타고 고속도로에 있어요. 차가 엄청 막혀서요,[2] 늦을 것 같아요.[3]

A: **Mrs. Barnes, I have John Clancy on the line. Will you take the call?**

B: Oh, yes. **Put him through, please.** … John, where are you calling from?

C: I'm in a cab on the freeway. We've run into a traffic jam. So, I just wanted to let you know that I'll be late.

[1] 어디서 전화하는 거예요? 우리말대로 Where are you calling?이라고만 하면 틀리고, 뒤에 from을 붙여서 '~에서부터 전화를 한다'고 표현한다.

[2] 차가 엄청 막힌다 run into는 '우연히 ~을 만나다, ~한 상황에 직면하다'는 뜻이고, traffic jam은 '교통 정체'를 의미한다.

[3] 늦을 것 같아요 I think I'll be late.라고 하면 간단한데, 전화를 건 용건을 설명하는 내용이므로 I just wanted to let you know that ~(~할 것이라는 것을 알려주기를 원했다)으로 표현해도 좋다.

전화기의 '우물 정자', '별표'는 영어로 뭘까?

미국 기업에 전화를 걸면 자동응답 메시지에서 가끔 '파운드 키 어쩌구' 하는 소리가 들릴 때가 있다. 그럼 이 pound가 뭘까? pound는 전화번호에 있는 # 표시, 즉 우리나라에선 '우물 정자'라고 하는 key를 말한다. 우리가 '별표'라고 부르는 ✽ 표시는 영어로도 star라고 한다.

> Enter your telephone number including the area code, followed by the **pound key**.
> 지역번호를 포함한 고객님의 전화번호를 누르신 후, #키를 눌러 주세요.
>
> To repeat the menu, press the **star key**.
> 지금 들은 메뉴를 다시 들으시려면 ✽키를 누르세요.

전화기 번호판을 자세히 살펴보면 숫자와 우물 정자, 별표 외에도 2번에는 abc, 3번엔 def 식으로 각 번호마다 3개의 알파벳이 표시되어 있는 걸 볼 수 있다. 그래서 기업들은 고객들이 자신의 전화번호를 쉽게 기억할 수 있도록 하기 위해 알파벳으로 전화번호를 광고하기도 한다. 가령, 치과라면 '치아'라는 뜻의 tooth란 단어를 이용하여 전화번호를 75-TOOTH라고 표시할 수 있다. 이것을 숫자로 바꾸면 758-6684가 된다. 또 Holiday Inn이란 호텔 체인은 무료 예약전화번호를 호텔 이름을 직접 넣어서 1-800-HOLIDAY라고 표시하고 있다. 이것을 숫자로 표시하면 1-800-465-4329가 된다. 광고에서 알파벳으로 된 전화번호를 보았다면 해당 알파벳이 적힌 번호를 따라 누르면 된다.

27 찾는 사람이 전화를 받을 수 없을 때

He's away from his desk.

잠깐 자리를 비웠습니다.

다른 사람에게 걸려온 전화를 받았는데, 그 사람이 자리에 없거나 다른 이유로 전화를 받을 수 없을 때가 있다. 전화를 받을 수 없는 이유는 보통 자리에 없거나 회의중이거나 외근중일 경우가 가장 많은데, 이런 간단한 말을 영어론 어떻게 표현하는지 알아보자.

[대표표현]

잠깐 자리를 비웠습니다.	**He's away from his desk.**
점심 드시러 나가셨습니다.	**He's out to lunch.**
회의중입니다.	**He's in a meeting.**
퇴근하셨습니다.	**He's gone for the day.**

Step 1 기본표현 뿌리 내리기

point
전화를 받을 수 없을 때

- **not available**
- **be away**
- **be out**
- **be in ~**

⇨ 전화를 받을 수 없는 다양한 상황을 영어로 표현한다.

지금 전화를 받을 수 없습니다.

잠깐 자리를 비웠습니다.

점심 드시러 나가셨습니다.

회의중입니다.

여기에 안 계십니다.

방금 나갔는데요.

외출중입니다.

출타중입니다.

출장중입니다.

퇴근하셨습니다.

오늘은 출근하지 않았습니다.

월요일까지 휴가입니다.

He's not available at the moment.

He's away from his desk.

⇨ away는 '현재 ~에서 벗어나 있는, 다른 곳에 가 있는'의 뜻.

He's out to lunch.

He's in a meeting. / He's in conference.

He's not here.

He's just stepped out.

He's out. / He's not in.

He's out of town.

He's out of town on business.
He's away on a business trip.

⇨ out of town은 '자기 사는 지역을 벗어나서 다른 지역에 가 있는'의 뜻.

He's gone for the day. / He's left for the day.

⇨ go for the day, leave for the day는 '퇴근하다'.

He's not in today.

He's on vacation until Monday.

Step 2 응용표현 가지 뻗기

잠시 자리를 비웠을 때	화장실에 간 것 같은데요.
	사내에 계십니다.
통화중이거나 응답이 없을 때	통화중인데요.
	전화를 안 받네요.
	다른 전화 받고 있는 중입니다.
	통화가 금방 끝날 것 같지 않은데요.
기다리겠냐고 물어볼 때	기다리시겠어요?
가까스로 연락이 닿았을 때	하루 종일 전화했습니다.
	몇 시간째 통화를 하려고 했어요.

I think he's gone to the restroom or something.

He should be somewhere in the building.

⇨ restroom 뒤에 or something을 붙이면, 화장실이라고 못 박지 않고 '화장실처럼 금방 다녀올 곳에 갔다'는 뉘앙스를 가진다. 우리말에선 '사내'라고 하지만 영어에서는 in the building(건물 안에)이라고 한다.

The line's busy.

There's no response.

⇨ 다른 부서 등으로 전화를 돌렸는데, 통화중이거나 받지 않을 때 쓴다.

He's on the phone. / He's on another line.

⇨ 찾는 사람이 자리에 있긴 하지만, 그 사람이 통화중일 때 쓴다.

I don't think he'll get off the phone anytime soon.

⇨ get off the phone은 '통화를 끝내다'.

Would you like to wait?

Would you like to hold?

I've been calling you all day.

I've been trying to reach[call] you all day.

I've been trying to get a hold of you for hours.

⇨ reach, get a hold of는 '~와 연락하다, 통화하다'란 뜻.

Step 3 실전회화 유창해지기

Challenge: 1

A: 안녕하세요, 앤더슨 씨 거기 있어요?
B: 죄송하지만, **이미 퇴근했는데요.** 제가 도와드릴까요?
A: 아뇨, 됐습니다. 그럼 집으로 전화를 해 보죠.[1]

A: Hi, is Ms. Anderson there?
B: I'm sorry **she's left for the day.** Can I help you?
A: No. That's OK. I'll try her at home.

[1] **집으로 전화를 해 보죠** '~에게 집으로 전화를 하다'는 call ~ at home이지만, '전화를 한번 걸어 보다'란 의미를 나타낼 때는 call 대신 try를 쓴다. try는 이 외에도 '어디에 가 보다', '무엇을 먹어 보다'라고 할 때도 쓰인다. 가령, '리베라 호텔의 중식당에 한번 가 보자'는 Let's *try* the Chinese restaurant at the Rivera Hotel.이라고 표현한다.

A: 그로스먼 씨 좀 바꿔 주시겠어요?

B: **죄송합니다만, 지금[1] 자리에 안 계시네요.** 제가 대신 도와드릴까요?

A: 아뇨. 그분하고 직접 통화해야 합니다.

B: 알겠습니다. 그러시면 메시지를 남기시겠습니까?

A: 아뇨. 제가 나중에 다시 걸겠습니다.

A: I'd like to speak to Mr. Grossman.

B: **I'm sorry he's away from his desk at the moment.** Can I help you, instead?

A: No. I need to talk to him.

B: All right. Then would you like to leave a message?

A: No, thank you. I'll try again later.

[1] 지금 right now, at the moment 등의 표현을 쓴다.

한국으로 전화할 때는 Phone Card를 이용하라

미국에 가서 가장 저렴하고 편리하게 국제전화를 하는 방법은 phone card(전화카드)를 이용하는 것이다. 우리나라에서 미리 phone card를 구입해 가거나 현지에서 구입하면 되

는데, 특히 인터넷상에서 판매되는 phone card가 비교적 저렴하다. 미국 현지에선 슈퍼마켓을 비롯한 대부분의 대형 잡화점에서 phone card를 구입할 수 있다. 미국 교포들도 집에서 미국 전화회사를 통해 직접 국제전화를 할 수 있음에도 슈퍼에서 구입한 phone card를 쓰는 경우가 많은데, 그만큼 저렴하기 때문이다.

phone card를 쓸 경우 보통 access number라고 해서 먼저 국제전화 서비스에 연결하는 번호를 눌러야 하는데, 미국에선 1-800이나 1-888로 시작한다. 다음으로 phone card에 있는 고유번호를 입력한다. 그리고 나서 '국가코드'부터 시작해서 전화번호를 입력하면 된다. 참고로 교포들이 운영하는 한국 슈퍼에서 판매하는 phone card는 자동안내시스템이 아예 한국어로 나오기 때문에 훨씬 편리하다.

국제전화는 기본적으로 '국제전화 식별번호(international access code) ⇨ 국가번호(national code) ⇨ 지역번호(area code) ⇨ 전화번호(telephone number)'의 순으로 눌러야 한다. '국제전화 식별번호(international access code)'란 한국통신의 001이나 데이콤의 002 등을 가리키는데 미국에선 011을 누른다. 국가번호는 우리나라는 82, 미국은 1이다. 지역번호의 경우 외국에서 우리나라에 전화할 때엔 02, 031 등에서 0을 빼고 누른다. 가령 서울이라면 2만 누르면 되는 것이다.

28 메시지를 남길 때

Please ask her to call me back.

저에게 전화해 달라고 전해 주세요.

이번 Unit에서는 전화를 걸어 찾는 사람이 자리에 없을 경우 tell과 ask를 활용해 메시지를 남기는 영어표현을 배워 보자. 자신의 이름을 밝히고 전화 왔었다고 전해 달라거나, 혹은 전화를 해 달라고 부탁하는 내용이 가장 자주 쓰인다.

[대표표현]

전하실 말씀 있으세요?	**Would you like to leave a message?** **May I take a message?**
제인에게서 전화 왔었다고 전해 주세요.	**Please tell him that Jane called.**
저에게 전화해 달라고 전해 주세요.	**Please ask her to call me back.**

Step 1 기본표현 뿌리 내리기

point 1
메시지 받기

- **leave a message**
- **take a message**

⇨ 전화로 자리에 없는 사람의 메시지를 받는 표현을 익힌다.

전하실 말씀 있으세요?

아뇨. 제가 나중에 다시 걸겠습니다.

point 2
~라고 전해 주세요

- **tell ~ that / tell ~ to**
- **ask ~ to**

⇨ 전할 내용은 tell이나 ask를 써서 표현한다.

제인에게서 전화 왔었다고 전해 주세요.

제가 내일 서울에 도착한다고 전해 주세요.

돌아오시면 저에게 전화 좀 해 달라고 전해 주세요.

저에게 전화해 달라고 전해 주세요.

제 휴대전화로 전화해 달라고 전해 주세요.

6시 이후에 집으로 전화해 달라고 전해 주세요.

Would you like to leave a message?
Would you care to leave a message?
May I take a message?

> ⇨ '메시지를 남기다'는 leave a message, '메시지를 받다'는 take a message라고 한다.

No, thanks. I'll call back later.
No, thanks. I'll try again later.

> ⇨ 상대방이 메시지를 받아 주겠다고 자청했으므로 No, thanks.(고맙지만, 사양하겠습니다)라고 말한 다음, '다시 전화하다'란 뜻의 call back을 써서 표현한다. 여기서 try는 '전화를 한번 걸어 보다'의 의미.

Please tell him that Jane called.

Please tell him that I'm arriving in Seoul tomorrow.

Please tell her to give me a call when she returns.

> ⇨ '~라고 전해 주세요'는 동사 tell을 쓴다. '~라고'의 내용은 that절이나 to부정사를 써서 표현한다.

Please ask her to call me back.

Please ask him to call me on my cell phone.

Please ask her to call me at home after 6.

> ⇨ '~라고 전해 주세요'는 tell 대신 ask를 써서 표현할 수도 있는데, 이 경우 뒤에 that절은 올 수 없고 to부정사만 가능하다.

Step 2 응용표현 가지 뻗기

언제 돌아올지 물어볼 때	언제 돌아올까요?
	곧 돌아올까요?
메시지를 남기거나 받을 때	메시지 좀 남길 수 있을까요?
	전화 드리라고 할까요?
	성함과 전화번호를 말씀해 주시겠어요?
	제 이름은 제인입니다.
메시지를 확인할 때	전화 온 거 없었나요?
	당신이 외출한 사이에 브라운 씨가 전화를 했습니다.
	전화하셨다면서요.
	브라운 씨가 전화하셨다고 해서 거는 겁니다.

When will he be back?
When do you expect him back?
When is he expected back?

⇨ '돌아오다'는 간단히 be back이란 표현을 쓴다. 동사 expect와 함께 써서 expect ~ back(~가 돌아올 것을 기대하다)이나 be expected back(돌아올 것으로 기대되다) 형태로도 자주 쓰인다.

Will he be back soon?
Do you expect him back soon?

May I leave a message?

Do you want him to call you back?
May I have your name and phone number, please?

My name's Jane. That's J for Juliet, A for Apple, N for Nancy, and E for Eagle.

⇨ 영어에서 정확한 철자를 불러줄 때는 J for Juliet이나 B as in Boy처럼 표현한다.

Did anyone call?
Do you have any messages for me?

Mr. Brown called while you were out.

⇨ '외출하다, 자리에 없다'는 간단히 be out이라고 표현한다.

I'm returning your call.
I'm returning Mr. Brown's call.

⇨ return one's call은 '걸려온 전화에 대해서 회답 전화를 하다'의 의미.

Step 3 실전회화 유창해지기

Challenge: 1

A: 사이버 트레이딩 사입니다.

B: 앤터니 태너 씨 좀 바꿔 주시겠어요?

A: 지금 회의중이십니다. **전하실 말씀 있으세요?**

B: 예. 제 이름은 신디 타운센드인데요. **태너 씨에게 제 휴대전화 555-4646으로 전화 좀 부탁한다고[1] 말씀해 주십시오.**

A: 알겠습니다. 전해 드리죠.[2]

A: Cyber Trading Company!

B: I'd like to speak to Anthony Tanner.

A: I'm sorry he's in a meeting right now. **Would you like to leave a message?**

B: Yes. My name is Cindy Townsend. **Please ask Mr. Tanner to call me on my cell phone at 555-4646.**

A: All right. I'll pass on your message.

[1] 제 휴대전화로 전화해 달라고 해 주세요 Ask him to call my cell phone.이라고 하면 틀린다. call은 사람에게 하는 것이니까 call me라고 하고, 그 뒤에 on my cell phone(내 휴대폰 상으로)이란 말을 붙인다.

[2] 전해 드리죠 메시지를 '전해 주다'는 give 동사를 써서 I'll give her your message.라고 하거나, '전달하다'란 뜻의 pass on이란 관용표현을 쓴다.

A: 전화 온 데 있어요?

B: 예. 제인이란 여자 분이 전화했는데, 대학 동창이라고 하더군요.[1]

A: 맞아요. 뭐라고 하던가요?

B: 여기에 방문차 오셨는데, 호텔로 전화 좀 해 달라더군요.[2] 여기 전화번호 있습니다.

A: **Do you have any messages for me?**

B: Yes. A woman named Jane called. She said she's a friend from college.

A: Yes. What did she say?

B: She's in town for a visit. And she wants you to call her at her hotel. Here's her phone number.

---

[1] **대학 동창이라고 하더라** '~라고 하더라'는 She said (that) ~ 뒤에 내용을 넣어서 말하면 된다. '동창'은 alumnus, alumna란 단어가 있지만, 보통은 그냥 a friend from college(대학으로부터의 친구)라고 하거나 went to college together with ~(~와 대학을 함께 다녔다)라는 식으로 표현한다.

[2] **~해 달라더라** She wants you to ~(그녀가 당신이 ~하기를 원한다)라고 표현한다.

Review Units 26~28

1. 다음 우리말 대화를 영어로 말해 보세요.

(1) A: 린다 거기 있어요?
    B: 아뇨, 화장실에 간 것 같아요.

(2) A: 그는 지금 전화를 받고 있습니다. 기다리시겠어요?
    B: 아뇨, 나중에 다시 걸죠.

(3) A: 지금 타 지역으로 출타중입니다.
    B: 언제 돌아오시나요?

(4) A: 죄송하지만, 좀 더 크게 말씀해 주시겠어요? 연결 상태가 안 좋네요.
    B: 다시 걸겠습니다.

(5) A: 전하실 말씀 있으세요?
    B: 예. 제 이름은 톰 그로스만 입니다. 돌아오시면 저에게 전화 좀 달라고 전해 주세요.

2. 다음 문장 중 틀린 부분을 고쳐 보세요.

(1) Who's speaking?

(2) Somebody's asking you on the phone.

(3) There's no one of that name.

Answers

1. **(1) A:** Is Linda there? **B:** No. I think she's gone to the restroom or something.
(2) A: He's on the phone right now. Would you like to wait? **B:** No, I'll call back later.
(3) A: She's out of town right now. **B:** When will she be back?
(4) A: Excuse me, but could you speak up a little? We have a bad connection. **B:** I'll call again.
(5) A: Would like to leave a message? **B:** Yes. My name is Tom Grossman. Please ask him to call me back when he returns.

(4) She's out for lunch.

(5) Would you like to put on hold?

(6) I've been trying to reach to you all day.

3. 우리말 문장에 맞게 영어 문장의 빈칸을 완성해 보세요.

(1) 2번 라인에 톰슨 씨로부터 전화가 와 있습니다.
I have _____.

(2) 전화 왔어요.
There's a _____.

(3) 고객지원실에 연결해 주시겠어요?
Could you _____ the Customer Service Department?

(4) (그녀는) 퇴근했는데요.
She _____.

(5) 통화가 쉽게 끝날 것 같지 않은데요.
I don't think she _____.

(6) 전화하셨다면서요.
I'm _____.

Answers

2. (1) Who's speaking? → Who's this speaking? → Who am I speaking to? (2) asking you → asking for you (3) of that name → by that name (4) for lunch → to lunch (5) put on hold → hold (6) reach to → reach
3. (1) Mr. Thompson on line 2 (2) phone call for you (3) connect me to 또는 put me through to (4) 's gone for the day 또는 's left for the day (5) 'll get off the phone anytime soon (6) returning your call

미국의 Pay Phone은 번호 먼저 누르고 돈을 넣는다

'공중전화'는 pay phone이라고 하는데, 우리나라와 달리 미국에는 공중전화용 전화카드가 따로 없으므로 반드시 잔돈을 준비해야 한다. 시내전화는 지역에 따라 10~50센트 정도이며, 시외전화를 할 경우 상당량의 잔돈을 준비해야 한다.

1. 수화기를 들고 신호음(tone)이 떨어지면 전화번호를 누른다

미국의 전화번호는 지역번호(area code)가 3자리, 국번호(station code)가 3자리, 나머지 개인전화번호가 4자리로, 총 10자리의 숫자로 되어 있다. 시외전화의 경우엔 먼저 1을 누른 후에 지역번호를 포함한 전화번호를 누른다.

2. 자동응답 메시지에 따라 동전을 넣는다

번호를 누르면 수화기에서 Please deposit 50 cents.(50센트를 넣으세요.)와 같이 얼마의 돈을 넣으라는 자동응답 메시지가 들린다. 보통 시내전화는 무제한이다. 시외전화의 경우 메시지에 따라 3분마다 돈을 넣으면 된다. 시내전화는 얼마라고 전화기에 적혀 있으므로, 우리나라처럼 처음부터 해당 액수를 넣고 통화한다.

3. 동전은 전화기 왼편 상단에 있는 동전 투입구(slot)에 넣는다

옆에 보면 5, 10, 25라는 숫자가 적혀 있는데 5센트(nickel), 10센트(dime), 25센트(quarter)짜리 동전을 사용할 수 있다는 뜻이다. 그러니까 1센트(penny)짜리 동전만 사용하지 말란 뜻이다.

4. 전화가 연결되면 상대방과 통화를 하면 된다

Chapter 9
회사 생활

29 직업과 구직
What do you do for a living, if I may ask?

30 면접
Where did you go to school?

31 근무시간
What time do you get off work?

32 승진과 연봉인상
I got passed over for a promotion.

29 직업과 구직

What do you do for a living, if I may ask?

직업이 무엇인지 여쭤 봐도 될까요?

우리 생활에서 직업이나 직장이 차지하는 부분이 매우 크지만, 자신이 하는 일이나 직장에 대해 영어로 설명하지 못하는 경우가 많다. 이번 Unit에서는 직업이나 직종을 영어로 묻고 대답하는 표현, 실직이나 구직 상태를 영어로 표현하는 법을 익혀 보자.

[대표표현]

직업이 무엇인지 여쭤 봐도 될까요?

What do you do for a living, if I may ask?

저는 TAC에 다닙니다. **I work for TAC.**

저는 광고업에 종사합니다. **I'm in advertising.**

Step 1 기본표현 뿌리 내리기

point 1 **직업 묻기** ● if I may ask ● if you don't mind my asking ⇨ 직업을 묻는 것은 사적인 질문이므로, 위와 같은 표현을 붙인다.	직업이 무엇인지 여쭤 봐도 될까요? 어떤 일을 하시는지 여쭤 봐도 될까요? 어떤 업에 종사하시는지 여쭤 봐도 될까요? --- 실례지만, 어느 회사에 다니십니까?
point 2 **직업 표현하기** ● work for ● work in ● -er ● self-employed ⇨ 직업을 말하는 다양한 영어 표현을 익힌다.	저는 TAC에 다닙니다. 저는 공무원입니다. 저는 광고업에 종사합니다. --- 저는 회사원입니다. 저는 금융회사에 근무하는 컴퓨터 프로그래머입니다. 저는 자영업을 하고 있습니다.

What do you do for a living, if I may ask?

⇨ for a living은 '생계를 위하여, 직업으로'의 의미.

What kind of work do you do, if you don't mind my asking?

What line of business are you in, if I may ask?

What company are you working for?

What company are you with?

⇨ work for ~는 '~에 다니다, ~ 밑에서 일하다'의 뜻. be with ~는 '~와 같이 있다'이지만, ~ 자리에 회사나 기관명을 넣으면 '그 회사에 소속되어 있다'란 의미로 쓰인다.

I work for TAC. / I'm with TAC.

I work for the government.

I work in advertising. / I'm in advertising.

⇨ 'work for + 직장'은 '~에 다니다, 근무하다'이고, 'work[be] in + 분야'는 '~쪽에서 일하다'란 뜻으로, 직종을 나타내는 표현이다.

I'm an office worker. / I work in an office.

I'm a computer programmer for a financial company.

I'm self-employed. / I work for myself.

⇨ self-employed는 '어떤 조직에 소속되지 않고 독립적으로 일하는 사람'을 가리킨다. 프리랜서도 여기에 해당한다.

Step 2 응용표현 가지 뻗기

현재 직장이 없을 때	저는 현재 실직 상태입니다.
	잠시 쉬면서 새 직장을 구하는 중입니다.
구직활동에 대해 말할 때	직장 찾는 일은 어떻게 되어 갑니까?
	잘 되어 가고 있어요. 잘 안 되고 있어요.
	외국계 기업에 일자리를 구했습니다.
	아직까지 별 소득이 없습니다. 5개월 동안 직장을 찾고 있는데, 소득이 없습니다.
	몇 군데 원서를 넣어 봤는데, 연락이 없군요. 몇 군데 면접을 봤는데, 아직 정해진 곳은 없습니다.

I'm unemployed now.
I'm out of work now.

I'm between jobs.
⇨ 우리말은 길지만 영어로는 between jobs(직업들 사이에 있다)라고 표현한다.

How's your job search going?
⇨ How's ~ going?은 '~은 어떻게 되어 갑니까?'란 뜻으로, 일의 진척 상황을 묻는 표현이다.

(It's going) Pretty well.

It's going nowhere. / It's not going very well.
Not very well.

I've found a job at an international company.

Not much luck so far. / Not so great so far.

I've been looking for a job for five months, with no luck. ⇨ look for는 '~을 찾다, 구하다'.

I've applied for several positions but haven't heard anything, yet.

I've interviewed for several jobs, but nothing has come through, yet.
⇨ interview for는 '~에 대하여 면접을 보다', come through는 '실현되다'의 의미.

구인광고를 보고 전화할 때	일요일자 신문에 난 일자리에 관해서 전화를 하는 겁니다.
	오늘 신문에 난 사무직 광고에 관하여 전화를 드립니다.
	그 자리가 아직 비어 있습니까?
	현재 지원 가능한 다른 자리가 있습니까?
지원자에게 응답할 때	그 자리는 충원되었습니다.
	그 자리는 아직 충원되지 않았습니다.
	이력서와 신청서를 보내 보세요.
	자격요건이 되시면 면접을 위해 전화를 드리겠습니다.

응용표현 가지 뻗기 Step 2

I'm calling about the job opening that I saw in the Sunday paper.

⇨ '일자리'는 job opening이라고 한다.

I'm calling about the ad in today's paper for the clerical position.

Is the position still available?

Are there any other positions available at this time?

⇨ 여기서 available은 '지원 가능한'.

The position's been filled.

The position isn't filled, yet.

⇨ 자리는 '충원되는' 것이므로, be filled처럼 수동태로 쓰인다.

Why don't you send in your CV and a job application?

⇨ CV는 resume와 동일하게 '이력서'란 뜻이다. 응시원서 등을 '보내다'라고 할 때, 뒤에 받는 사람을 명시하지 않을 경우는 전치사 in을 붙여 send in이라고 해야 한다.

We'll call you for an interview, if you meet our qualifications.

⇨ 여기서 meet은 '충족하다', qualifications는 '자격요건'을 가리킨다.

Step 3 실전회화 유창해지기

Challenge: 1

A: 어떤 직업에 종사하십니까, 제가 물어봐도 괜찮다면요.

B: 저는 비텔 텔레콤 사의 고객서비스 부에 근무합니다.

A: 그래요? 제 동생도 그 회사에 근무하는데. 동생 이름이 존 벨인데, 혹시 아세요?[1]

B: 예. 바로 옆 사무실에서[2] 근무하는데요.

A: **What line of business are you in, if I may ask?**

B: **I'm in customer service at Bitel Telecom.**

A: Really? My brother's working there, too. His name is John Bell. Do you know him by any chance?

B: Yes. He's in the office next to mine.

---

1 **혹시 아세요?** '아세요?'는 말 그대로 Do you know ~?이고, '혹시'는 by any chance라고 한다. 또는 '우연히 ~하다'란 뜻의 happen to를 사용해서 Do you happen to know him?이라고 물어도 마찬가지 뜻이 된다.

2 **바로 옆 사무실에 근무한다** '~ 바로 옆에'는 next to ~로, '내 사무실 옆에 그의 사무실이 있다'는 뜻이므로 소유대명사 mine을 써서 be in the office next to mine(나의 것 바로 옆 사무실에 있다)이라고 표현한다.

A: 직업이 무엇인지 여쭤봐도 될까요?

B: **현재는 직업이 없습니다.** 5월에 대학원을 졸업했고,[1] **아직 직장을 찾고 있습니다.**

A: 우리 회사에 자리가 몇 개 있는 것으로 알고 있는데. 어떤 분야를 전공하셨죠?[2]

B: 회계학을 전공했습니다. 재무관련 분야에 취직을 하고 싶습니다.

A: **What do you do for a living, if you don't mind my asking?**

B: **I'm currently unemployed.** I finished graduate school in May, and **I'm still looking for a job.**

A: I know my company has some job openings. What was your degree in?

B: I studied accounting. So, I want to get a job in finance-related areas.

---

[1] **대학원을 졸업하다** 'UCLA를 졸업했다'처럼 학교명을 밝힐 경우엔 graduate from ~을 써야 하지만, 단순히 '대학이나 대학원을 졸업했다'고 할 때는 finish college, finish graduate school과 같이 finish 동사를 쓸 수도 있다.

[2] **어떤 분야를 전공하셨죠?** 전공이 무엇이었는지 물을 때는 What did you major in?이라고 해도 되고, What did you study in college?(대학에서 무엇을 공부하셨죠?), 또는 What was your degree in?(당신의 학위는 어떤 분야에서였습니까?)이라고 해도 된다.

Challenge: 3

A: 직장 구하는 일은 어떻게 되어 갑니까?
B: **아직까지 별 소득이 없어요.** 취업 시장 상황이 별로 좋지 않습니다.[1]
A: 다음 주에 산타 바바라에서 취업 박람회가 있는 것으로 아는데. 들어 보셨어요?
B: 아뇨. 한번 알아봐야겠네요.[2]

A: **How's your job search going?**
B: **Not much luck, so far.** The job market isn't too hot right now.
A: I know there's a big job fair in Santa Barbara next week. Have you heard of it?
B: No, I haven't. Maybe, I should check it out.

1 **취업 시장 상황이 별로 좋지 않다** '상황이 안 좋다'는 간단하게 ~ is bad라고 하든지, ~ is too tight(너무 빡빡하다), ~ isn't too hot(그렇게 뜨겁지 않다) 식으로 표현한다. '취업 시장'은 the job market이라고 한다.

2 **한번 알아보다** 소문, 뉴스, 광고 같은 것으로 '전해 들은 것을 직접 알아보다'는 말은 check out으로 표현한다.

실전회화 유창해지기 Step 3

Challenge: 4

A: 안녕하세요? **오늘 신문에 난 영업부장직에 대해서 문의 전화 드립니다.**

B: 네. **그 자리는 아직 충원되지 않았습니다.** 영업 분야에서 관리자로 일하신 경험이 있나요?[1]

A: 예. 5년 동안이요.

B: 좋습니다. 그러면 **이력서와 응시원서를 보내 보시죠.**

A: Hello. **I'm calling about the job opening in today's paper for a sales manager.**

B: Sure. **That position isn't filled, yet.** Have you ever held a managerial position in sales?

A: Yes. For five years.

B: Good. Then, **why don't you send in your resume and a job application?**

[1] 영업 분야에서 관리자로 일하신 경험이 있나요?
Have you ever worked as a manager in sales?라고 해도 되지만, Have you ever held a managerial position in sales?(영업에서 관리자 직책에 있어 본 적이 있느냐?)라고 해도 된다.

Cover Letter 작성 요령

'이력서'는 resume 또는 CV(Curriculum Vitae)라고 한다. CV는 라틴어로 '인생 역사(life history)'란 뜻이다. 이력서 양식은 몇 가지 표준 양식이 있기 때문에 이를 따르면 된다. 그런데 우리나라 사람들에게는 익숙지 않지만, 이력서에 꼭 첨부하는 것이 있다. 바로 cover letter라는 것인데, 이력서에 대한 간단한 '소개서' 같은 것이다. 보통 한 장 분량으로 이력서 앞에 첨부하는데, 구성은 대체로 다음과 같다.

(1) letter size 용지 한 면에 기재한다.
(2) 이력서와 같은 용지를 사용한다.
(3) 상단에 자신의 이름, 주소, 연락처를 적고, 밑에 편지 수취인의 직책 및 이름을 적는다.
(4) 본문은 전체적으로 네 단락으로 구성한다. 첫째 단락은 도입부로 '해당 직책에 응시하는 이유'를 적는다. 둘째 단락에는 이력서의 내용을 언급하면서 왜 자신이 적임자인가를 설명한다. 셋째 단락은 왜 해당 회사에 취직하기 원하는가를 적는다. 그리고 넷째 단락에서는 결론으로 앞의 내용을 요약하면서 면접 기회를 갖기를 희망한다는 내용을 포함한다.
(5) 하단에 일반 편지의 양식과 같이 Yours sincerely, Yours faithfully 등의 문구를 넣고 서명을 한 후 그 밑에 자신의 이름을 적는다.
(6) 손으로 쓰지 않고 이력서와 같은 폰트로 타이핑한다.
(7) 이력서에 있는 표현을 그대로 베껴 쓰지 않는다.
(8) 스펠링 체크를 확실히 한다.

cover letter는 그 사람의 첫인상을 결정짓는 매우 중요한 역할을 한다. 따라서 외국계 기업에 취직하려는 사람이라면 이 부분에 특히 신경을 많이 써야 한다.

30 면접

Where did you go to school?

어느 학교를 나왔습니까?

영어 면접에서는 무엇보다 자신감 있는 태도가 중요한데, 일단 질문의 내용을 이해한다면 다소 여유롭게 면접에 임할 수 있을 것이다. 이번 Unit에서는 간단한 자기소개와 출신학교 및 전공을 표현하는 법을 익히고, 경력사항이나 자신의 장·단점 등 면접에서 자주 나오는 전형적인 질문들을 영어로 어떻게 표현하는지 확인해 보자.

[대표표현]

어느 학교를 나왔습니까?	**Where did you go to school?**
전공이 무엇이었습니까?	**What was your major?**
당신의 장점은 무엇입니까?	**What are your strengths?**
당신의 단점은 무엇입니까?	**What are your weaknesses?**

Step 1 기본표현 뿌리 내리기

point 1
교육 배경

- **went to school at ~**
- **graduated from ~**
- **degree / major**
- **GPA**

⇨ 출신학교, 전공, 평점을 영어로 표현하는 법을 익힌다.

간단하게 자기소개를 해 보시죠.

어느 학교를 나왔습니까?

저는 조지타운 대학교를 나왔습니다.

어느 분야에서 학위를 받았습니까?

전공이 무엇이었습니까?

평점은 얼마였습니까?

교육 내용이 이 일과 어떤 연관이 있습니까?

point 2
장·단점의 영어표현

- **strength**
- **weakness**

⇨ 장·단점을 단·복수로 표현한다.

당신의 장점은 무엇입니까?

당신의 단점은 무엇입니까?

저의 가장 큰 단점은 일중독이라는 것입니다.

Tell us a little about yourself.

Where did you go to school?

I went to college at Georgetown University.
I graduated from Georgetown University.

⇨ '~ 학교 출신이다'는 went to school at(~에서 학교를 다녔다) 또는 graduated from(~을 졸업했다) 구문을 써서 표현한다.

What was your degree in?

What did you major in? / What was your major?

What was your GPA?

⇨ major in은 '~을 전공하다'란 동사표현이고, major는 명사로 '전공'의 의미. GPA는 grade point average의 약자로 '평점'을 가리킨다.

How did your education prepare you for this job?

⇨ prepare ~ for ...는 '...을 대비하여 ~을 준비시키다'.

What are your strengths?

What are your weaknesses?

⇨ '장점'은 strength, 반대로 '단점'은 weakness라고 한다.

My biggest weakness is that I'm a workaholic.

⇨ 특정한 '장점'이나 '단점'을 언급할 때는 단수형으로 쓴다.

Step 2 응용표현 가지 뻗기

지원 동기에 관한 질문	왜 저희 회사에 근무하길 원하십니까?
	우리가 당신을 고용해야 할 이유는 무엇입니까?
	어떤 면에서 당신이 이 자리에 적합하다고 느끼십니까?
	이 자리를 원하는 이유는 무엇입니까?
지원 동기에 대한 답변	회사와 함께 성장할 수 있을 것이라고 생각하기 때문에 여기서 근무하고 싶습니다.
	저는 일을 해낼 수 있는 능력과 경험을 가지고 있습니다.
	이 자리에 대해 귀사가 필요로 하는 경험과 능력을 갖추고 있습니다.
	저는 이런 일을 정말 잘하고 또 즐기기 때문에 이 자리를 원합니다.

Why do you want to work for us?

Why should we hire you?
⇨ hire는 '고용하다'란 뜻의 동사.

Why do you feel qualified for this job?
⇨ be qualified for는 '~에 적격이다, 적임이다'란 뜻으로, be동사 대신에 feel을 쓰면 '~하게 느끼다, 생각하다'란 표현이 된다.

Why do you want this job?

I want to work here because I know I can grow with the company.

I have the skills and experience to get the job done.
⇨ experience(경험)에는 일에 대한 경험, 즉 '경력'이란 의미도 있다. get the job done '자신에게 주어진 일을 해내다'.

I have the experience and skills you need in this position.
⇨ 이때의 position은 job의 의미.

I want this job because this is the kind of work I'm really good at and enjoy doing.
⇨ be good at ~은 '~을 잘하다' enjoy -ing는 '-하는 것을 즐기다'.

경력에 관한 질문	이 일과 연관된 경력은 어떤 것이 있습니까? 이쪽 분야 경력이 얼마나 되죠? --- 가장 최근의 직업은 무엇이었습니까? 이전 직장은 왜 그만두셨습니까?
경력에 관한 답변	금융기관의 웹사이트를 개발한 경력이 있습니다. 컴퓨터 판매 서비스업에서 5년간 일했습니다. 저는 큰 대학의 네트워크 담당자로 일했습니다. --- 가장 최근의 직업은 캘리포니아에 있는 SEC 사의 시스템 디자인 엔지니어였습니다. 거기서 많은 것을 배웠고, 이제 다른 곳으로 옮길 때가 되었다고 생각했습니다.

응용표현 가지 뻗기 Step 2

What experience do you have that relates to this job?

How much experience do you have in this field?

⇨ relate to는 '~와 관계가 있다, 연관이 있다'란 뜻이고, field는 '분야'를 가리킨다.

What was your last job?

Why did you leave your last job?

I have experience in developing websites for financial institutions.

⇨ '~한 경력이 있다'는 have experience in -ing 구문을 써서 표현한다.

I worked in computer sales and service for five years.

I worked as a network administrator for a major university.

⇨ 경력을 표현할 때는 I worked in ~ (~분야에서 일했다) I worked as a[an] ~ (~으로 일했다)란 구문을 쓴다.

My last job was as a system design engineer at SEC in California.

I learned a lot there, and thought it was time to move on.

⇨ '~할 때가 되다'는 It's time to ~, '옮기다'는 move on이라고 한다.

연봉에 관한 질문	연봉은 어느 정도를 기대하십니까?
연봉에 관한 답변	제 능력과 경험에 견주어 경쟁력 있는 보상을 기대합니다.
	4만~4만 5천 달러 정도의 연봉을 받고 싶습니다.
장래 목표에 관한 질문	장단기 목표는 무엇입니까?
	장래 직업 계획은 무엇입니까?
	앞으로 5년 후에 어떤 자리에 있기를 원하십니까?
장래 목표에 관한 답변	좀 더 많은 경험을 쌓고 능력을 향상시켜 수 년 내에 관리직으로 승진하고 싶습니다.
	5년 후에는 관리직에서 일할 만큼 충분한 경험을 가질 수 있기를 바랍니다.

응용표현 가지 뻗기 Step 2

What kind of salary do you expect?

What are you looking for (in terms of) salary?

⇨ look for는 '찾다, 구하다'는 뜻 외에 '기대하다'란 뜻이 있다. salary는 '월급'이라고 생각하기 쉽지만, 사실은 '연봉'을 의미한다.

I'm looking for compensation that is competitive for my skills and experience.

I'd like to earn between 40 and 45 thousand dollars a year.

⇨ '연봉 ~를 받다'는 earn ~ a year(일 년에 ~를 벌다)는 식으로 표현한다.

What are your short-term and long-term goals?

What's your career plan?

⇨ career plan은 '직업이나 경력에 대한 중장기적인 계획'을 가리킨다.

Where do you want to be in five years?

Where do you see yourself in five years?

I want to gain more experience and improve my skills so that I can advance to a supervisory position in a few years. ⇨ gain은 '얻다', improve는 '개선하다, 향상시키다'이고, advance to는 '~로 나가다, 올라가다'.

Five years from now, I hope I'll be able to advance to a management position.

Step 3 실전회화 유창해지기

Challenge: 1

A: 학교는 어디를 다녔고, 어느 분야에서 학위를 받았습니까?

B: 1998년에 경영학 학사를 수여받고, **산타크루즈 캘리포니아 대학교를 졸업했습니다.**

A: 평점은 얼마였습니까?

B: 제 평점은 2.6이라서 그렇게 높지는 않습니다. 그렇지만 일하면서 제 힘으로 대학을 나와야[1] 했습니다.

A: **Where did you go to school, and what was your degree in?**

B: **I graduated from UC Santa Cruz** in 1998 with a Bachelor's degree in business management.

A: **What was your GPA?**

B: My GPA was 2.6. It isn't terribly high. But I had to work my way through college.

[1] 자기 힘으로 대학을 나오다 work one's way through college(일을 하면서 대학을 통과하다)라고 표현한다.

A: 이 자리를 원하는 이유는 무엇입니까?

B: 이런 일을 하는 것을 좋아하고요, 이 자리가 저에게 도전이 될 것이라고[1] 생각하기 때문입니다.

A: **우리가 당신을 꼭 고용해야 하는 이유가 있다면요?**

B: 이 자리에 필요한 자질을 갖추고 있고,[2] 근면하며[3] 도전을 좋아합니다.

A: **Why do you want this job?**

B: I enjoy this kind of work, and I also think it'll challenge me.

A: **Why should we hire you?**

B: I have the qualities this job requires. I'm a hard worker, and I like challenges.

---

[1] **~에게 도전이 되다** 동사 challenge를 쓰면 간단하다. 또는 challenge를 명사로 해서 be a challenge to ~라고 해도 된다.

[2] **이 자리에 필요한 자질을 갖추고 있다** '자질'은 qualities나 attributes를 쓴다. 주로 뒤에 (that) this job requires(이 자리가 요구하는) 또는 required by this job(이 자리에 요구되는)이란 수식어가 붙는다.

[3] **근면하다** 우리말 그대로 I'm diligent.라고 해도 되지만, I work hard. 또는 I'm a hard worker.라는 표현도 좋다.

Challenge: 3

A: 이전 직장은 왜 그만두셨나요?

B: 새로운 도전과 보다 나은 승진 기회를 찾기 위해서였습니다.[1]

A: 연봉은 어느 정도를 기대하십니까?

B: 귀사가 직원들에게 적절한 보상을 한다고 믿습니다.[2] 따라서 적절한 액수를 제시하시면,[3] 고려할 의향이 있습니다.

A: **Why did you leave your last job?**

B: I needed a new challenge and better advancement opportunities.

A: **What sort of salary do you expect?**

B: I trust you reward your workers fairly. So, I'm open to a fair offer.

---

1 **~을 찾기 위해서였다** 우리말 비슷하게 I wanted to look for ~라고 해도 되지만, 간단하게 I needed ~(~이 필요했다)라고 하는 것이 좋다.

2 **적절한 보상을 하다** '보상'이란 뜻의 reward를 명사로 써서 give fair rewards to ~라고 하는 것보다, 동사로 써서 reward ~ fairly라고 하는 것이 일반적이다.

3 **~을 고려할 의향이 있다** 간단하게 I'm open to ~(~에 대하여 열려 있다)라고 한다. 가령, '어떤 제안이든지 받아들일 의향이 있다'는 *I'm open to* any suggestions.라고 쓸 수 있다.

실전회화 유창해지기 **Step 3**

Challenge: 4

A: 본인의 단점은 무엇입니까?

B: 특별하게 단점이 있다고[1] 생각하지 않습니다만, 일에 중독이 되는 경향이 있습니다.[2]

A: 이 자리와 연관된 경력이 있다면 무엇입니까?

B: 지난 8년간 IT와 인터넷 연관 직책에서 근무했습니다.

A: **What are your weaknesses?**

B: I don't believe I'm weak in any particular way, but I tend to be a workaholic.

A: **What experience do you have that relates to this job?**

B: I've worked in IT and Internet-related positions for the past eight years.

[1] **특별하게 단점이 있다** have any particular weakness라고 하거나, 형용사 weak를 써서 be weak in any particular way(특정하게 약하다)라고 한다.

[2] **일에 중독이 되는 경향이 있습니다** '~하는 경향이 있다'는 tend to ~, '일에 중독이 되다'는 be a workaholic(일 중독자가 되다)을 쓴다.

Review Units 29~30

1. 다음 우리말 대화를 영어로 말해 보세요.

(1) A: 실례가 안 된다면 직업이 무엇입니까?
B: 자영업을 하고 있습니다.

(2) A: 직장 구하는 일은 어떻게 되어 가나요?
B: 지금까지 별 소득이 없습니다.

(3) A: 영업부장직 구인광고에 관하여 전화를 드리는 건데요.
B: 죄송하지만, 그 자리는 이미 사람을 구했습니다.

(4) A: 대학은 어딜 나왔나요?
B: 한국에 있는 성원 대학교를 나왔습니다.

(5) A: 어느 정도의 연봉을 기대하십니까?
B: 협상을 해서 정할 의향이 있습니다.

2. 다음 문장 중 틀린 부분을 고쳐 보세요.

(1) What line of business are you?

(2) I'm looking for a job for three months.

(3) What company are you working?

(4) Why do you feel qualifying for this job?

Answers

1. **(1) A:** What do you do for a living, if I may ask? **B:** I'm self-employed.
(2) A: How's your job search going? **B:** Not much luck so far.
(3) A: I'm calling about the ad for the sales manager position. **B:** I'm sorry. The position has been filled.
(4) A: Where did you go to school? **B:** I graduated from Sungwon University in Korea.
(5) A: What kind of salary do you expect? **B:** I'm open to negotiation.

(5) I went to college in George Washington University.

3. 우리말 문장에 맞게 영어 문장의 빈칸을 완성해 보세요.

(1) 잠시 쉬면서 새 직장을 구하는 중입니다.
I'm _____.

(2) 어제 취업면접을 봤습니다.
I _____ yesterday.

(3) 어느 분야에서 학위를 받으셨습니까?
What _____?

(4) 왜 우리 회사에서 일하길 원하십니까?
Why do you _____?

(5) 이 분야에는 경력이 얼마나 됩니까?
How much _____?

Answers

2. (1) are you → are you in (2) I'm looking → I've been looking (3) working → working for (4) feel qualifying → feel qualified (5) in → at

3. (1) between jobs (2) interviewed for a job (3) was your degree in (4) want to work for us 또는 want to work here (5) experience do you have in this field

미국인들은 면접 후에 감사편지를 보낸다

미국에서도 면접(job interview)은 취업 여부를 결정짓는 중요한 요소 중 하나이다. 따라서 미국인들도 면접을 앞두고 여러 가지 예상 질문을 정리해 그에 대해 답변을 준비하는 것은 우리와 다를 바 없다. 그러나 우리나라에서는 쉽게 물어보는 질문인데 미국에서는 절대 물어서는 안 되는 사항들이 있다. 만일, 면접관에게 다음과 같은 질문을 받게 되면 법적인 조치를 취할 수 있다.

(1) 결혼 여부(marital status)나 가족 구성원(family status)에 관한 질문
(2) 조상(ancestry), 원래 국적(national origin), 인종(race), 피부색(color)에 관한 질문
(3) 종교(religion)나 정치적 성향(political affiliation)에 관한 질문
(4) 성차별(sex discrimination)적인 질문
(5) 나이(age)에 관한 질문

끝으로 미국의 면접 관례 중에서 우리나라 사람이 간과하기 쉬운 것 중의 하나가 면접 후에 면접관에게 '감사의 편지(thank-you letter)'를 보내는 것이다. 이것은 면접관에게 자신의 존재를 다시 한 번 상기시키는 효과가 있다. 이 감사편지의 구체적인 내용은 면접관에게 시간을 내 준 데 대해 감사하고, 자신의 이름과 희망하는 직책을 명시한 후, 면접시 대화 내용 중 상대방이 기억할 만한 것을 언급하여 상대방의 기억을 돕고, 다시 한 번 왜 자신이 해당 직책에 가장 적합한가를 한두 문장으로 짧게 설명하는 내용을 포함한다.

31 근무시간

What time do you get off work?

몇 시에 퇴근하십니까?

직장인들은 하루의 대부분을 회사에서 보내는 만큼, 근무시간만큼 중요한 관심사도 없을 것이다. 근무시간에 관한 표현 중에서 '출근하다, 퇴근하다, 야근하다' 같은 매일 반복되는 일과 '조퇴하다, 월차를 내다' 같은 특별한 경우를 나타내는 영어표현들을 함께 배워 보도록 하자.

[대표표현]

몇 시에 출근하십니까?	**What time do you go to work?**
몇 시에 퇴근하십니까?	**What time do you get off work?**
7시 반에 출근합니다.	**I go to work at 7:30.**
저는 오후 6시에 퇴근합니다.	**I get off at 6 p.m.**

Step 1 기본표현 뿌리 내리기

point 1
출근하다

- **go to work**
- **get to work**
- **have to be at work**

⇨ '출근하다'를 다양하게 표현해 보자.

몇 시에 출근하십니까?

몇 시까지 출근하십니까?

7시 반에 출근합니다.

8시 반까지는 직장에 도착합니다.

point 2
퇴근하다

- **finish work**
- **get off (work)**
- **go for the day / leave for the day**

⇨ '퇴근하다'의 다양한 표현을 익힌다.

몇 시에 퇴근하십니까?

저는 오후 6시에 퇴근합니다.

그녀는 퇴근하셨습니다.

What time do you go to work?

What time do you get to work?
What time do you have to be at work?

⇨ go to work는 '출근하다'의 가장 일반적인 표현이고, get to work는 '직장에 도착하는 시점'에 초점을 맞춘 표현이다. at work는 '직장에, 근무지에'란 뜻.

I go to work at 7:30.

I get to work by 8:30.

⇨ 여기서 by는 어떤 시간 '까지'를 뜻한다. 위 문장은 by 대신 at을 써서 I get to work at 6:30.라고 해도 별 차이는 없다.

What time do you finish work?
What time do you get off work?

⇨ finish work, get off work는 모두 '퇴근하다'로, get off work에서 work는 생략하기도 한다.

I get off at 6 p.m.

She has gone for the day.
She has left for the day.

⇨ go for the day, leave for the day는 '다른 사람이 퇴근한 경우'를 가리킬 때 쓰는 표현으로 현재완료형으로 쓴다.

Step 2 응용표현 가지 뻗기

휴식과 관련된 표현	제 점심시간은 12시 30분부터입니다.
	쉬었다 합시다.
	커피 마시면서 잠깐 쉽시다.
	10분만 쉬었다 합시다.

	그만 다시 일을 시작합시다.
하루 일을 끝내고자 할 때	오늘은 그만합시다.

	오늘은 그만해야겠어요.
야근 및 특근과 관련된 표현	오늘 야근할 수 있어요?
	오늘 늦게까지 일할 수 있어요?

	이번 토요일에 출근할 수 있어요?

My lunch break starts at 12:30.
Let's take a break.
Let's take a coffee break.
Let's take ten.

⇨ take a break는 '휴식을 취하다, 잠깐 쉬다'란 뜻.

Let's get back to work.

⇨ get back to work는 '업무로 돌아가다, 일을 다시 시작하다'의 의미.

Let's call it a day.
Let's wrap it up for the day.
Let's call it quits for the day.

⇨ call it a day는 '하루 일을 마치다'이고, wrap ~ up은 '~을 끝내다'란 뜻이다. call it quits도 '그만두다, 그만하다'란 표현이다.

I'm going to pack it in for the day.

⇨ pack it in이라고 해도 '일을 끝내다, 그만두다'란 표현이 된다.

Can you work overtime today?
Can you work late today?

⇨ '야근하다, 시간 외 근무를 하다'는 주로 work overtime이나 work late란 표현을 쓴다.

Can you work this Saturday?
Can you come in for work this Saturday?

⇨ come in for work는 '일을 하러 오다'니까 결국 '출근하다'란 뜻이 된다.

교대 근무에 관한 표현	어떤 시간대에 근무하십니까?
	이번 주는 야간근무입니다.
	주간근무 때엔 오전 6시까지 출근합니다.
조퇴, 병가에 관한 표현	그는 오늘 조퇴했습니다.
	오후에 조퇴해도 되겠습니까?
	오늘은 병가를 내야겠습니다.
쉬는 날일 때	그는 오늘 비번입니다.
	그는 오늘 출근하지 않았습니다.
	내일 하루 쉬어도 될까요?
자신의 일을 부탁할 때	30분 정도 대신 일 좀 봐 줄 수 있어요?
	목요일에 제 대신 일 좀 봐 줄 수 있어요?

응용표현 가지 뻗기 Step 2

What shift are you on?

I'm on the night shift this week.

⇨ '야간근무'는 night shift, '심야근무'는 midnight shift 또는 graveyard shift라고 한다.

When I'm on the day shift, I get to work at 6:00 a.m.

He got off early today. / He left early today.

May I take the afternoon off?

⇨ '조퇴하다'는 get off early 또는 leave early라고 한다. 또는 '~만큼 쉬다'는 뜻의 take ~ off를 써서 take the afternoon off라고 하면 '오후를 쉬다'란 말이니까 결국 '조퇴하다'란 뜻이 된다.

I'll call in sick today.

⇨ call in sick은 '아파서 결근하겠다고 전화하다'란 의미이다.

Today's his day off.

He's got today off. / He isn't in today.

⇨ day off는 '쉬는 날'로, get (a day) off 하면 '하루를 쉬다'란 표현이다.

Can I take a day off tomorrow?

⇨ take a day off라고 해도 '하루를 쉬다, 월차로 쉬다'란 뜻이 된다.

Can you cover for me for about half an hour?

Can you sub for me on Thursday?

⇨ cover[sub] for는 '~의 업무를 대신하다'로, 다른 사람의 업무를 잠깐 맡아 주는 것을 뜻한다.

Step 3 실전회화 유창해지기

Challenge: 1

A: 몇 시에 출근하세요?

B: 근무 시간대에 따라 다릅니다.[1] 낮 근무인 경우, 오전 6시에 출근해서 오후 2시까지 근무합니다.

A: 근무 시간은 얼마나 자주 바뀌나요?

B: 한 달에 한 번이요.

A: **What time do you go to work?**

B: It depends on what shift I'm on. **When I'm on the day shift, I get to work at 6 a.m. and finish at 2 p.m.**

A: How often do you change your shift?

B: Every month.

---

[1] **근무 시간대에 따라 다르다** '~에 따라 다르다'는 depend on(~에 달려 있다)이라고 한다. '근무 시간대'는 what shift I'm on(내가 어떤 근무 시간대에 있는가)이라고 표현한다.

A: 오늘 몇 시에 퇴근하세요?

B: 5시쯤이요. 왜 물어보시죠?[1]

A: 술집 가서 맥주 한두 잔 마시고,[2] 당구나 한 게임 치는 게 어때요?[3]

B: 다음 기회로 미뤄야겠네요. 이미 선약이 있어서요.

A: **What time do you get off work today?**

B: **Around 5. What makes you ask?**

A: **What do you say we go to the bar, throw down a couple of beers and shoot a game of pool?**

B: **I'd better take a rain check. I have other plans.**

---

[1] **왜 물어보시죠?** 우리말처럼 Why do you ask?라고 하거나, 위 대화에서처럼 What을 주어로 해서 '무엇이 당신을 물어보게 만드는가?'란 식으로 표현한다.

[2] **맥주 한두 잔 마시다** throw down(아래로 던지다)은 '술을 넘기다, 마시다'란 뜻의 구어적 관용표현이다.

[3] **~하는 것이 어때요?** 일반적인 표현인 Why don't we ~?(우리 ~합시다)를 써도 좋지만, 좀 더 구어적인 표현인 What do you say we ~?(우리가 ~하는 것에 대하여 당신은 무엇이라고 하는가?)란 표현을 사용해 보자. How about -ing?를 써도 되지만, 이 표현은 무엇을 할까 고민하는 상황에서 하나의 안을 제안하는 상황에 더 어울린다.

Challenge: 3

A: **잠깐 내 일 좀 봐 줄래요?** 은행에 잠깐 심부름 갈 일이 있어서요.[1]

B: 그러죠, 뭐. 점심시간 전에 돌아올 거죠?[2]

A: 물론이죠. 고마워요. 나중에 한 턱 낼게요.[3]

A: **Can you cover for me for a bit?** I need to make a quick errand to the bank.

B: Sure. You'll be back before lunch, right?

A: Of course. Thanks. I owe you one.

---

[1] **은행에 심부름 갈 일이 있다** '심부름하다'는 run[make] an errand이고, '심부름으로 ~에 가다'라고 하려면 뒤에 to ~만 붙여 주면 된다. a quick errand는 '시간이 얼마 안 걸리는 심부름'이란 뜻이다.

[2] **점심시간 전에 돌아오다** '돌아오다'는 come back이 아니라, be back을 써서 '미래에 그 상황이라면 이미 돌아와 있는 상태일 것이다'로 표현된다.

[3] **한 턱 낼게요** I owe you one.(나는 당신에게 하나를 빚졌다)은 '고맙다'는 뜻으로 쓰는 의례적인 인사말.

실전회화 유창해지기 **Step 3**

Challenge: **4**

A: **오늘 조퇴를 해도 될까요?** 몸이 좀 안 좋아서요.[1]

B: 안색이 안 좋아 보이네요.[2] 그래요, 조퇴하세요.

A: 감사합니다.

B: 천만에요. 오늘은 별로 할 일도 없으니까,[3] 나 혼자 해도 돼요.[4]

A: **May I leave early today?** I'm feeling a little under the weather.

B: Yeah, you don't look too good. Sure, you can leave early today.

A: Thank you.

B: Don't worry about it. Things are pretty slow today. So, I think I can manage things by myself.

---

[1] **몸이 안 좋다** I'm not feeling well. 또는 I'm feeling under the weather.라고 한다. 우리말식으로 My body를 주어로 하지 않도록 주의한다.

[2] **안색이 안 좋아 보인다** 마찬가지로 '안색'을 주어로 하지 않고, You를 주어로 You look ~(당신이 ~하게 보인다)이라고 표현한다.

[3] **별로 할 일이 없다** 우리말 비슷하게 There isn't much work to do.라고 해도 되지만, '한가하다'란 뜻으로 Things are slow.(상황이 느리다)라고 하는 것이 보다 영어적이다.

[4] **혼자 할 수 있다** 이때의 '하다'는 do 동사를 쓰기보다는 '관리하다, 해내다'란 뜻의 manage를 써서 I can manage things by myself.(혼자 해낼 수 있다)이라고 한다. 참고로 누가 도와주겠다고 할 때 '혼자 할 수 있습니다'는 I can manage.라고만 하면 된다.

Challenge: 5

A: 오늘은 그만 해야겠어요.
B: 예, 먼저 가세요. 저는 아직 마무리할 일이 있어서요.[1]
A: 그래요. 너무 과로하지 마세요.[2] 내일 봐요.

A: I think I'm going to pack it in.
B: You go ahead. I have some loose ends to tie up.
A: All right. Don't overwork yourself. See you tomorrow.

[1] **마무리할 일이 있다** have some work to finish up(끝내야 할 일이 있다)이라고 하거나, have loose ends to tie up(매듭을 지어야 할 풀린 끝부분이 있다)이란 관용표현을 사용한다.

[2] **과로하다** work too hard 또는 overwork oneself 라고 한다. Don't abuse yourself.(자신을 남용하지 말라)라는 표현도 외워두었다가 사용해 보자.

미국의 직장문화, 이런 점이 다르다

요즈음 해외 취업이나 외국계 기업에 취업하는 경우가 늘고 있지만, 이들 중에는 우리와 다른 외국 기업의 직장문화와 제도(corporate culture & practices)에 적응하는 데 애를 먹는 사람이 적지 않다고 한다. 그렇다면 미국 기업은 어떤 제도나 관습들이 우리와 다를까?

employee loyalty

평생고용(lifetime employment)의 개념이 사라졌다고 하지만, 아직 우리나라에선 '나는 어느 기업의 일원이다'라는 소속감(group identity)이 강하다. 그러나 미국인들에게 애사심 같은 것을 이야기하면 잘 통하지 않는다. 보너스나 성과급을 내걸면 일을 열심히 하겠지만, 이런 유인책이 없이 애사심에 호소하는 것은 별 효과가 없다.

bonding

'연대감'은 영어로 bond라고 하고, 이렇게 '연대감을 다지는 것'은 bonding이라고 한다. 우리나라에선 팀원 간의 bonding을 위해 퇴근 후 '회식(get-together)'을 하는 일이 많은데, 미국 기업에선 퇴근 후 부서 전체가 모여서 식사를 하는 경우는 거의 없다. 다만 연말 파티(year-end party)같이 일년에 한두 번 공식적인 행사가 있을 뿐이다.

workload

평균적으로 미국 기업의 직원들은 처리해야 할 업무량(workload)이 매우 많다. 따라서 미국인들은 정해진 coffee break 빼고는 근무 시간에 정말이지 쉬지 않고 일을 한다. 미국 기업은 downsizing, rightsizing, reorganization이라는 명목으로 수시로 인원을 감축, 조정하여 항상 최소 인력을 유지하려 하기 때문에, 개인에게 할당되는 업무량이 많을 수밖에 없다고 한다.

job description

미국 기업은 사원을 뽑을 때 그 사원이 해야 할 업무 범위를 문서로 명시하고 그에 따라 고용 계약서를 작성하는데, 이렇게 '업무의 종류와 업무 범위를 정한 문서'를 job description이라고 한다. 공사 구분이 확실한 미국인들이 job description에서 벗어나는 일을 시켰을 때 It's not in my job description.이라고 거절하더라도 놀랄 일이 아닙니다.

performance review

job description과 더불어 미국의 직장문화를 대표하는 또 다른 제도가 바로 performance review이다. performance review는 보통 관리자(supervisor)와 부하 직원의 면담 형식으로 진행되는데, 이때 관리자는 부하 직원의 업무 능력에 대한 '평가서'를 해당 직원에게 보여준다. 평가서에는 항목별로 점수가 매겨져 있으며, 관리자와 부하 직원 쌍방이 사인을 하게 되어 있다. 그리고 이 평가 결과에 따라 연봉인상(raise)이나 승진(promotion)여부가 결정된다.

discrimination at work

미국 직장 내에서 인종 차별은 여전히 존재한다고 한다. 아시아계 미국인은 라틴계나 흑인들보다는 차별을 덜 받는 것으로 나타났지만, 승진이나 기타 인사 문제에서 차별적 대우를 받는다.

32 승진과 연봉인상

I got passed over for a promotion.

승진에서 탈락했습니다.

직장생활의 희비는 승진과 연봉인상, 이 두 가지에서 갈린다 해도 과언이 아닐 것이다. 승진이나 연봉인상은 곧 자신의 능력을 공식적으로 인정받는 것을 의미하기 때문이다. 반면 능력을 인정받지 못했을 때는 승진이나 연봉인상에서 탈락하거나 나아가 해고를 당할 수도 있다. 이번 Unit에서는 이런 인사와 관련한 표현들을 익혀 보자.

[대표표현]

연봉이 올랐습니다.	**I got a raise.**
승진했습니다.	**I got a promotion.**
연봉인상에서 탈락했습니다.	**I got passed over for a raise.**
승진에서 탈락했습니다.	**I got passed over for a promotion.**

Step 1 기본표현 뿌리 내리기

point 1
연봉인상 및 승진

- **get a raise**
- **get a bonus check**
- **get a promotion**
- **be[get] passed over for**

⇨ '연봉이 오르다', '승진하다' 등의 명사 및 동사표현들을 익힌다.

연봉이 올랐습니다.

직장에서 보너스를 받았습니다.

(부장으로) 승진했습니다.

지난 달에 부장으로 승진했습니다.

연봉인상에서 탈락했습니다.

승진에서 탈락했습니다.

point 2
해고되다

- **be fired**
- **be laid off**
- **be let go**
- **be sacked**
- **get a pink slip**

⇨ '해고되다'의 다양한 표현을 익힌다. be동사는 동사 get 으로 바꿔 쓸 수 있다.

오늘 해고되었습니다.

오늘 정리해고 되었습니다.

오늘 직장에서 해고당했습니다.

오늘 해고당했습니다.

오늘 잘렸습니다.

I got a raise.

I got a bonus check from work.

I got a promotion (to general manager).

I got promoted to general manager last month.

⇨ '~으로 승진하다'는 get a promotion to ~나 be[get] promoted to ~라고 표현한다.

I got passed over for a raise.

I got passed over for a promotion.

⇨ get passed over for는 '~에서 선택되지 못하다'로, get 대신 be 동사를 써도 서로 마찬가지 뜻이다.

I got[was] fired today. ⇨ be fired는 '자기 과실로 해고당하다'.

I got[was] laid off today.

⇨ be laid off는 '구조조정 차원에서 해고당하다'.

I got[was] let go from my job today.

⇨ be let go는 '해고당하다'의 가장 정중한 표현.

I got[was] sacked today.

⇨ be sacked는 '해고당하다'의 속어표현.

I got a pink slip today.

⇨ 예전에 해고 통지를 분홍색 쪽지로 받았다는 데서 유래한 표현.

Step 2 응용표현 가지 뻗기

승진에 관해 말할 때	제가 바라던 승진을 하지 못했어요.
	제가 곧 지사장으로 승진할 예정입니다.
	그는 고속 승진 대열에 올라 있습니다.
해고에 관해 말할 때	당신 해고야!
	당신을 내보내야만 합니다.
전근에 관해 말할 때	휴스턴 지사로 전근을 신청했습니다.
	다른 부서로 전근을 신청했습니다.
퇴직에 관해 말할 때	오늘 직장을 그만두었습니다.
	오늘 사표를 냈습니다.
	다음 달로 사표를 냈습니다.
	저는 오라클에서 20년간 근무한 후 작년에 정년퇴직했습니다.
	저는 55세에 퇴직했습니다.

I didn't get the promotion I wanted.

I didn't get the promotion I was hoping for.

⇨ hope for는 '~을 기대하다, 바라다'.

I'm up for a promotion to Branch Manager soon.

⇨ 여기서 up for는 '~으로 예정된, ~할 가능성이 많은'.

He's on the fast track for promotion.

⇨ on the fast track for는 '~하기에 빠른 궤도에 있는'.

You're fired!

We have to let you go.

I've applied for a transfer to the Houston office.

I've put in for a transfer to another department.

⇨ '~을 신청하다'는 apply for나 put in for를 쓴다. put in for는 apply for에 비해 덜 친숙하겠지만, put in for a transfer의 형태로 자주 쓰이는 표현이니 통째로 외워 두도록 하자.

I quit my job today.

I handed in my resignation today.

I submitted my resignation as of next month.

⇨ 해고가 아니라 '자의로 회사를 그만두다'는 동사 quit을 쓴다. '사표'는 resignation이라고 한다. '사표를 제출하다'라고 할 때 흔히 hand in이나 turn in, submit 등의 동사표현을 쓴다.

I retired last year from Oracle after 20 years.

I retired at 55. ⇨ '퇴직하다, 은퇴하다'는 동사 retire를 쓴다.

Step 3 실전회화 유창해지기

Challenge: 1

A: 뭐 걱정되는 일이 있어요?[1]

B: **승진에서 또 탈락했어요.** 열심히 일을 하는데 인정받지[2] 못하니까, 기운이 안 나요.[3]

A: 이 문제에 관해서 사장님과 이야기해 본 적 있어요? 사장님께 당신이 어느 면에서 부족한지[4] 직접 물어보세요.

A: Is there something troubling you?

B: **I got passed over for a promotion again.** I'm tired of not getting noticed for the hard work I'm doing.

A: Have you tried to talk to your boss about this? Ask him directly where you fall short.

[1] **걱정되는 일이 있어요?** 우리말 비슷하게 Are you worried about something?이라고 해도 좋지만, something을 주어로 해서 Is there something troubling you?(당신을 괴롭히는 무엇이 있느냐?) 식으로 물어본다.

[2] **인정받다** recognize(인정하다), notice(주목하다) 등을 수동태로 써서 get recognized for, get noticed for(~에 대하여 인정받다, 주목받다)라고 한다.

[3] **~하지 못하니까 기운이 안 난다** I'm frustrated over ~를 써서 '~에 대하여 좌절을 느낀다'는 식으로 말하거나, I'm tired of ~를 써서 '그러한 상황이 피곤하고 지겹다'는 식으로 표현한다.

[4] **어느 면에서 부족한지** '부족하다'는 fall short(모자라다, 못 미치다), '어느 면에서'는 where(어디에서)를 써서 표현한다.

A: 이런 소식을 전하게[1] 돼 유감이지만, **회사에서는 당신을 내보내기로 했어요.**

B: 내보낸다니요? 제가 잘렸단 말입니까?[2]

A: 그런 식으로 말하긴 뭐하지만,[3] 사업이 잘 안 되고 있어서 회사 측에서 인력을 줄여야 할 입장이에요.

A: I'm sorry to break this news to you, but **the company has decided to let you go.**

B: **Let me go? You mean, I'm sacked?**

A: Well, I wouldn't put it that way, but the business isn't going too good, so the company has to reduce the workforce.

---

[1] **이런 소식을 전하다** give를 써도 되지만, 안 좋은 상황을 전달할 때에는 특히 break란 동사를 쓴다.

[2] **잘리다** 우리말이 속어이므로 영어로도 be sacked라는 속어표현을 써 보자.

[3] **그런 식으로 말하다** put it that way라고 하는데, 이때의 put은 '표현하다(express)'란 뜻이다.

Review   Units 31~32

1. 다음 우리말 대화를 영어로 말해 보세요.

(1) A: 몇 시에 출근하십니까?
    B: 7시 40분까지 출근해서 8시부터 일을 시작합니다.

(2) A: 몇 시에 거기에 올 수 있나요?
    B: 6시에 퇴근하니까, 거기 도착하면 7시 정도 될 거예요.

(3) A: 몇 시에 만날까요?
    B: 점심시간이 12시 30분에 시작하니까, 1시에 만납시다.

(4) A: 직장에서 승진에 탈락했어요.
    B: 안됐네요. 다음번에 분명히 승진할 수 있을 거예요.

(5) A: 오늘 직장을 그만두었어요.
    B: 왜요? 다른 회사로 옮기시려고요?

2. 다음 문장 중 틀린 부분을 고쳐 보세요.

(1) Let's call a day.

(2) What shift are you?

(3) Today is his resting day.

Answers

1. (1) **A:** What time do you go to work? **B:** I get to work at 7:40 and start work at 8:00.
(2) **A:** What time can you be there? **B:** I get off work at 6 p.m. So, it'll be around 7 when I get there.
(3) **A:** What time shall we meet? **B:** My lunch break starts at 12:30. So, let's meet at 1 o'clock.
(4) **A:** I got passed over for a promotion at work. **B:** I'm sorry. I'm sure you'll get a promotion next time.
(5) **A:** I quit my job today. **B:** Why? Are you moving to another company?

(4) I applied to a transfer to another department.

(5) Jim promoted to regional sales manager.

3. 우리말 문장에 맞게 영어 문장의 빈칸을 완성해 보세요.

(1) 30분만 제 일을 좀 봐 줄래요?
Can you _____ for half an hour?

(2) 오후에 일찍 퇴근해도 될까요?
Can I _____?

(3) 내일 하루 쉬어도 될까요?
Can I _____ tomorrow?

(4) 당신 해고야!
You _____!

(5) 자, 다시 일을 시작합시다.
Let's _____.

Answers

2. (1) call a day → call it a day (2) are you? → are you on? (3) his resting day → his day off (4) applied to → applied for (5) promoted → was promoted
3. (1) cover for me (2) leave early in the afternoon 또는 take the afternoon off(오후 전체를 쉬겠다는 의미로) (3) take a day off (4) are fired (5) get back to work

미국 기혼 여성은 70%가 취업중

기혼 여성의 취업률이 높아지고 있다고는 하나, 아직까지 우리나라에선 결혼을 하면 직장을 그만두고 전업주부가 되는 경우가 많다. 자녀를 둔 기혼 여성의 경우 취업률은 더욱 떨어진다.

그러나 미국에서는 기혼 여성의 취업률이 70%에 이른다. 미국 가정의 대부분은 부부가 같이 일을 하는 맞벌이 가구(double-income household)이라는 뜻이다. 미국에서 기혼 여성의 취업률이 높은 것은 맞벌이를 하지 않고는 일정 수준의 생활을 유지하기 힘든 현실적 이유 외에도, 사람은 직업을 갖고 일을 해야 한다는 청교도적인 사고가 깔려 있기 때문이다. 아이가 있는 엄마라도 취업은 당연한 것이고, 따라서 우리나라처럼 그 때문에 불이익을 받는 경우는 드물다.

그런데 여성들은 임신과 출산으로 인해 중간에 휴직을 하는 경우가 많기 때문에, 퇴직 급여(retirement benefits)를 받기 위한 근무연수를 채우기 위해서 남성들보다 더 나이가 들 때까지 일을 하는 경우가 있다. 따라서 남편이 먼저 은퇴하고 부인이 몇 년 더 일하고 은퇴하는 경우가 늘고 있다.

또한 미국은 생활비가 만만치 않기 때문에 직업을 한 개 이상 가지고 있는 사람(multiple jobholders)들도 늘어나고 있다. 최근 통계에 따르면 미국 인구 중 10% 정도가 한 개 이상의 직업을 가지고 있다고 한다.

Chapter 10
학교 생활

33 수강 신청
I'm taking 6 courses this semester.

34 리포트
I have a History assignment due on Tuesday.

35 시험
I still have one final to go.

33 수강 신청

I'm taking 6 courses this semester.

이번 학기에 6과목을 듣고 있습니다.

미국에선 중학교 때부터 선택과목(elective)이 있어서, 강좌를 선택해서 자신의 시간표를 짠다. 대학에선 한 학기에 이수할 학점 수에 따라 강좌의 수도 조정해 수강 신청을 한다. 이번 Unit에서는 수강 신청과 관련된 영어표현을 익혀 보자.

[대표표현]

이번 학기에 몇 과목 들으세요?
How many courses are you taking this semester?

이번 학기에 6과목을 듣고 있습니다. **I'm taking 6 courses this semester.**

12학점을 듣고 있습니다. **I'm taking 12 credit hours.**

Step 1 기본표현 뿌리 내리기

point 1
수강 신청 / 추가 / 취소

- **register for**
- **sign up for**
- **drop**
- **add**

⇨ 과목을 신청하고, 취소하고, 추가하는 표현을 익힌다.

내일 수강 신청을 할 겁니다.

인도 미술사를 신청할 겁니다.

통계학 102 강좌는 취소할 겁니다.

고급 회계학을 추가로 신청할 겁니다.

---

point 2
수강하고 있다

- **be taking**
- **be registered for**
- **be in**

⇨ '수강하고 있다'를 다양하게 표현한다.

이번 학기에 몇 과목 들으세요?

이번 학기엔 어떤 강의를 들으세요?

이번 학기에 6과목을 듣고 있습니다.

12학점을 듣고 있습니다.

심리학 203 강의를 수강하고 있습니다.

3과목 (신청해서) 듣고 있습니다.

벤슨 교수의 물리학 입문을 듣고 있습니다.

I'm going to register for classes tomorrow.
I'm going to sign up for the History of Indian Art class.

⇨ '수강 신청하다'는 register for 또는 sign up for라고 한다.

I'm going to drop Statistics 102.
I'm going to add Advanced Accounting.

⇨ 어떤 과목을 '취소하다'는 drop, '추가하다'는 add 동사를 쓴다.

How many courses are you taking this semester?
What courses are you taking this semester?

⇨ take는 '강의(course, class)를 듣다, 수강하다'란 뜻으로, 현재 수강하고 있는 강의에 대한 질문이므로 be taking이라고 진행형으로 쓴다.

I'm taking 6 courses this semester.
I'm taking 12 credit hours.
I'm taking Psychology 203.

⇨ take 뒤에 과목 수, 학점 수를 넣어도 되고, 구체적인 과목명을 넣을 수도 있다. credit hours는 '한 학기에 수강하는 강좌의 학점 수'를 뜻한다.

I'm registered for 3 courses.
I'm in Prof. Benson's Intro to Physics.

⇨ take 대신에 be registered for나 be in을 써도 마찬가지로 '수강하다'란 의미이다.

Step 2 응용표현 가지 뻗기

수강신청 기간에 대해 말할 때	수강신청 기간은 언제입니까? 수강신청 마감일은 언제입니까? 수강신청 변경기간은 언제입니까?
수업시간에 관한 표현	이 수업은 매주 목요일 저녁 6시부터 8시까지 합니다. 이 수업은 아침에 너무 일찍 시작합니다. 이 수업은 너무 밤늦게 끝납니다. 이 강의는 주중 밤 시간에만 개설되어 있군요.
수업 내용에 관한 표현	이것은 널널한 과목이 아닙니다. 이 과목은 매우 힘듭니다. 존스 교수는 요구하는 것이 많습니다. 크로프트 교수는 학점이 짭니다.
청강하다의 표현	그 수업을 청강하고 있습니다.

When's the registration period?
When's the last day to register for classes?
When's the add/drop period?

⇨ register for는 '신청하다', add/drop period는 말 그대로 강좌를 '추가하거나 취소할 수 있는 기간'을 가리킨다.

The class meets every Thursday, from 6 to 8 p.m.

⇨ '수업하다'를 영어에선 class가 meet한다고 표현한다.

This class starts too early in the morning.
This class ends too late at night.
This course is offered only on weeknights.

⇨ be offered(제공되다)는 학교와 관련해서는 '(강의가) 개설되어 있다'란 뜻이다.

This isn't an easy course.

This course is very tough.
Professor Jones is very demanding.

⇨ tough는 '힘든, 고된'의 의미로, tough 대신에 '큰 노력을 요하는'이란 뜻의 demanding을 써도 마찬가지이다.

Professor Croft is a tough grader.

⇨ 이때의 tough는 '가차 없는, 엄격한'의 의미이고, grader는 '채점자'란 뜻. '학점을 잘 주는 사람'은 generous grader라고 한다.

I'm auditing the course. / I'm sitting in on it.

⇨ '청강하다'는 audit, 또는 sit in on이라고 한다.

Step 3 실전회화 유창해지기

Challenge 1

A: 이번 학기에 몇 강좌를 수강하세요?

B: 4강좌요. 원래는[1] **5강좌를 신청했는데,** 지난 주에 시작한 아르바이트 때문에 **한 강좌를 취소했어요.**

A: **How many courses are you taking this semester?**

B: 4 courses. Originally, **I signed up for 5** but **I dropped one** because of the part-time job I started last week.

[1] 원래는 originally나 initially란 부사를 쓴다.

Challenge 2

A: 수강신청 변경 마지막 날이 언제죠?

B: 성적표에 W란 표시가 없이[1] 취소할 수 있는 기한은 내일일 거예요.

A: **When's the add/drop deadline?**

B: I guess it's tomorrow, if you want to drop a course without a W on your transcript.

[1] 성적표에 W란 표시가 없이 W는 Withdrawn(취소된)의 약자로, 일정 기간이 지난 후 수강 취소를 하면 성적표(transcript)에 W란 표시가 기록된다.

A: 어떤 선택과목을 들어야 할지 모르겠네요.[1] 하딩 교수의 '고급 회계학'에 대해서 아는 것이 있으세요?

B: 예, 실은 **작년에 그 과목을 들었어요. 그리 만만한 과목은 아닙니다.**

A: 그래요?

B: 예. **하딩 교수는 매우 엄격하고 공부를 많이 시키죠. 그렇지만 성적은 잘 주는 편이에요.**

A: I'm not sure which electives I should take. Do you know anything about Professor Harding's Advanced Accounting class?

B: Yes. Actually, **I took it last year. It's not an easy course.**

A: Really?

B: Yes. **Professor Harding's very strict and demanding. But he's also a generous grader.**

---

[1] **들어야 할지 모르겠네요** I don't know ~ 구문을 써도 되겠지만 너무 강한 표현이므로, 대신 I'm not sure ~(~을 확신할 수 없다)나 I wonder ~(~인지 의아스럽다) 같은 표현을 써 보자.

Semester와 Term은 서로 다른 '학기'

'학기'는 영어로 semester 또는 term이라고 한다. 미국 대학의 경우 2학기제 또는 4학기제를 시행하고 있는데, 2학기 제도의 학기를 semester라 부르고, 4학기 제도의 학기를 term 또는 quarter라고 부른다. 4학기제는 한 semester를 다시 둘로 나눠서 전체적으로 4학기를 운영하는 제도이다.

미국은 새 학년(school year)이 9월 초에 시작하는데, 이때부터 12월 중순까지 1학기가 끝난다. quarter로 치면 두 개의 quarter가 끝나는 셈이다. 그리고 연말과 연초 휴가(winter break)를 끝내고 1월 중순에 2학기가 시작되어 5월 중순까지 간다. quarter로 치면 이 기간에 역시 두 quarter가 끝난다. 그리고 5월 말부터 9월 초(고등학교 이하는 6월 초부터 8월 말)까지 여름방학(summer break)이 이어진다.

34 리포트

I have a History assignment due on Tuesday.

화요일까지 내야 하는 역사학 과제가 있습니다.

과제물, 수업 준비 등은 학생들의 대화에서 빠질 수 없는 단골 메뉴이다. 여러분이 대학생이라면 homework(숙제)란 표현은 더 이상 쓰지 말자. 대신 assignment(과제물)란 표현을 쓰도록. 이 assignment도 report, essay, paper 등으로 구분하는데, 이 용어들도 잘못 사용되는 경우가 많으니 이번 Unit을 통해 확실히 구분해 보도록 하자.

[대표표현]

화요일까지 내야 하는 역사학 과제가 있습니다.
I have a History assignment due on Tuesday.

다음 화요일까지 보고서 두 개를 내야 합니다.
I have to turn in two papers by next Tuesday.

Step 1　기본표현 뿌리 내리기

point 1
assignment의 종류
- report
- essay
- paper

⇨ '과제물'의 다양한 영어표현을 익히고, 그 쓰임을 구분한다.

화요일까지 내야 하는 역사학 과제가 있습니다.

생물학 과목의 실험 보고서를 써야 합니다.

다음 주에 제출해야 할 에세이가 있습니다.

다음 화요일까지 보고서 두 개를 내야 합니다.

point 2
~은 어떻게 돼 갑니까?
- How's ~ going?
- How's ~ coming along?

⇨ 일의 진척 상황을 묻는 표현을 익힌다.

기말 보고서는 어떻게 돼 갑니까?

잘 되어 가고 있습니다.

잘 안 되고 있습니다.

진척이 느립니다.

I have a History assignment due on Tuesday.

⇨ '숙제'란 뜻의 homework는 저학년 때나 쓰는 용어이고, 대학에 가면 '과제'란 뜻의 assignment를 쓴다. assignment의 종류에는 report, essay, paper 등이 있다. due는 '~까지 기한인'.

I have to write a lab report for my Biology class.

⇨ 우리는 대학에서 제출하는 모든 과제를 report라고 하지만, 실제로 report는 실험이나 실습 후에 그 결과를 보고하는 '보고서'를 가리킨다.

I have an essay to turn in next week.

⇨ 우리가 보통 리포트라고 부르는 4~5장 분량의 과제물을 미국에선 essay라고 한다. turn in은 '제출하다'.

I have to turn in two papers by next Tuesday.

⇨ 학기 중간이나 기말에 제출하는 큰 분량의 essay는 paper라고 부른다. 보통 10페이지 내외이다.

How's your term paper going?
How's your term paper coming along?

⇨ '~은 어떻게 되어 갑니까?'라고 일의 진척 상황을 물어볼 때는 How's ~ going? 또는 How's ~ coming along? 구문을 쓴다.

It's going okay. / It's coming along fine.

It's not going very well.

It's going slowly.

Step 2 응용표현 가지 뻗기

이번 학기에 대해 물어볼 때	이번 학기는 지금까지 어때요?
	좋습니다. 그저 그래요. 시작은 좋습니다.
과제물에 관하여 말할 때	중간학기 보고서 제출기한이 언제죠? 기말 보고서를 제출했습니까?
	역사학 에세이는 기한 내에 제출했습니다. 컴퓨터 과제를 끝내야 합니다.
수업준비에 대해 말할 때	내일 국제정치학 수업자료를 읽어야 합니다.
	수업 준비를 위해 읽어야 할 자료가 매우 많습니다.
	수업을 따라가기가 힘듭니다. 다섯 과목을 듣다 보니, 수업자료를 제대로 읽어가기가 어렵습니다.

How's your semester going so far?

It's going okay.

So so.

It's off to a good start.

> off to a ~ start는 '시작이 ~한'으로, 가령 *off to a* bad *start*는 '시작이 좋지 않은'이란 표현이 된다.

When's the midterm paper due?

Have you turned in your term paper, yet?

> '기말 보고서'는 term paper, '중간학기 보고서'는 mid term paper라고 한다. '제출하다'는 turn in, hand in 등의 표현을 쓴다.

I handed in my History essay on time.

I have to finish up my Computer assignment.

I have to do reading for my World Politics class tomorrow.

I have so much reading to do for classes.

> 수업에 대비하여 자료를 읽는 것은 do reading이라고 한다.

It's hard to keep up with the class.

With five classes, it's hard to keep up with my reading.

> keep up with는 '~에 뒤떨어지지 않다, 보조를 맞추다'란 뜻으로, keep up with one's reading이라고 하면 '수업에 대비하여 읽어야 할 자료를 밀리지 않고 읽어 나가다'라는 의미가 된다.

Step 3 실전회화 유창해지기

Challenge: 1

A: 중간학기 보고서는 어떻게 되어 갑니까?

B: 아직 시작도 못했어요. 무엇에 관해 써야 할지 모르겠어요.[1] **당신 보고서는요?**

A: **진척이 느립니다.** 그렇지만 기한 내에 제출할 수 있을 것 같아요.[2]

A: **How's your midterm paper coming along?**

B: I haven't even started writing it. I can't think of what to write. **How's yours going?**

A: **It's going slowly**, but I think I can make the deadline.

---

[1] **무엇에 관해 써야 할지 모르겠다** '~인지 모르겠다'는 I don't know ~라고 해도 되지만, I can't think of ~(~을 생각할 수 없다)란 표현도 좋다. '무엇에 관해 써야 할지'는 간단하게 what to write(무엇을 쓸지)라고 하면 된다.

[2] **기한 내에 제출하다** 어떤 일을 '기한(deadline) 내에 하다'라고 할 때엔 make the deadline이라고 한다.

A: 이번 학기는 지금까지 어때요?

B: **잘 돼 갑니다.** 원했던 과목을 모두 수강 신청했구요. 과제도 밀리지 않고 하고 있어요.[1]

A: 잘 됐네요!

B: 예. 한 가지 문제라면[2] **읽을 자료가 너무 많아서** 잠을 충분히 못 자는 것 뿐이죠.[3]

A: **How's your semester going so far?**

B: **It's going okay.** I got all the classes I wanted, and I'm managing to keep up with class assignments.

A: That's great!

B: Yeah. The only problem is that **I've got so much reading to do** I don't get enough sleep.

---

[1] **과제를 밀리지 않고 하다** '~을 밀리지 않고 하다'는 keep up with란 관용표현을 쓰면 좋다. 이 표현 앞에 manage to(그럭저럭 ~ 해 나가다)란 표현도 첨가해 써 보자.

[2] **한 가지 문제라면 ~이다** The only problem is that ~(유일한 문제는 ~이다)이란 패턴을 기억해 두자.

[3] **너무 ~해서 …하다** so ~ (that) … 구문을 사용할 수 있는 부분이다. 위 대화에서는 I don't get enough sleep(충분한 잠을 얻지 못한다) 앞에 that이 생략되어 있다.

Challenge 3

A: **역사학 에세이 제출했니?**

B: 응, 오늘. 너는?

A: 아직 못 했어. 초안은 써 놓았는데,[1] 몇 군데 수정할 부분이 있어서.[2]

B: 마감일이 금요일이니까, 아직 시간은 많은데 뭐.[3]

A: **Have you turned in your History essay?**

B: Yes, today. How about you?

A: Not, yet. I've just written a draft, and there're some changes I have to make to it.

B: The deadline's Friday. So, you still have plenty of time.

---

[1] **초안을 써 놓았다** 써 놓은 상황이 지금까지 이어지므로, 현재완료형으로 해서 I've written ~이라고 해야 한다. '초안'은 a draft라고 한다.

[2] **몇 군데 수정할 부분이 있다** '수정하다'란 뜻으로는 change(변경하다), revise(수정하다) 등의 동사가 있는데, '몇 가지 수정하다'라고 할 때는 make changes to ~(~에 변경을 가하다)란 표현을 써서 There are some changes I have to make to it.(그것에 해야 할 변경이 있다)이라고 한다.

[3] **시간이 많다** '많은'은 plenty of ~란 표현을 쓴다.

미국에서 대학 도서관 이용하기

미국의 대학 도서관들은 장서의 훼손이나 분실에 대비하여 이용자들에 대한 검색이 철저하다. 도서관 입구에 도난방지시스템이 설치되어 있는 것은 물론이고, 도서관을 나설 때 가방을 검색하는 것이 보통이다. 하버드 대학 도서관은 아예 도서관 안에 필기도구 외에 가방을 가지고 들어가는 것을 금할 정도로 보안이 엄격하다.

도서관 내부를 살펴보면, 우선 도서관에서 책의 대출과 반납을 담당하는 곳은 Circulation Desk, 자료 검색을 도와주는 곳은 Reference Desk라고 한다. 책을 반환할 때는 사서에게 직접 반환할 필요 없이 Drop-off Box라고 쓰인 곳에 놓고 가면 된다. '대출기간을 연장하는 것'은 renew

한다고 하고, '대출된 책을 예약하는 것'은 hold, '이미 대출된 책이 빨리 반납되도록 요청하는 것'은 recall한다고 한다.

도서 검색

도서 검색(catalog search)은 컴퓨터로 하는데 도서가 대출된 경우엔 Out(대출중) 또는 Due 3-24-2004(2004년 3월 24일 반납 예정) 등으로, 대출이 가능한 경우엔 Available(이용 가능한), In(대출 가능), Check Shelf(서가를 찾아보시오) 등으로 표시된다. '도서번호'는 call number라고 한다.

지정 도서

어떤 강좌의 필수 참고서로 지정된 도서는 강사가 도서관에서만 보도록 대출을 금지시킬 수 있는데, 가령 The book is on reserve.라고 하면 '그 책이 도서관 안에서만 볼 수 있는 책으로 지정되어 있다'는 뜻이다. 이런 책은 도서 검색에서 Library Use Only(도서관 내에서만 이용)와 같이 표시되어 있다.

복사 카드

복사는 도서관 내에 있는 복사기를 이용하면 되는데 동전이나 복사카드(copy card)를 사용한다. '복사카드를 파는 기계'는 copy card vending machine 또는 copy card dispenser라고 하는데, 이 기계로 돈이 다 떨어진 복사카드를 충전할 수도 있다.

35 시험

I still have one final to go.

기말고사가 아직 한 과목 남아 있습니다.

학생들에게 가장 관심 있는 주제는 당연히 '시험'일 것이다. 초중고에서 대학, 대학원에 이르기까지 학생이라면 누구든 시험에서 벗어날 수는 없다. 그런데 그 흔한 '중간고사', '기말고사', '쪽지시험'의 영어표현을 모르고 있는 학생들이 많은 건 또 무슨 이유일까? finals, midterms 등의 시험 관련 영어표현들을 살펴보자.

[대표표현]

중간고사가 다음 주에 있습니다.	**Midterms are next week.**
월요일에 기말고사가 두 과목 있습니다.	**I have two finals on Monday.**
중간고사 첫 시험이 3일 후에 있습니다.	**My first midterm is three days away.**
기말고사가 아직 한 과목 남아 있습니다.	**I still have one final to go.**

Step 1 기본표현 뿌리 내리기

point 1
중간고사 / 기말고사

- **midterm(s)**
- **final(s)**

⇨ '중간고사', '기말고사'를 단·복수로 표현한다.

중간고사가 다음 주에 있습니다.

월요일에 기말고사가 두 과목 있습니다.

중간고사 첫 시험이 3일 후에 있습니다.

기말고사 마지막 시험이 목요일에 있습니다.

기말고사가 아직 한 과목 남아 있습니다.

point 2
~은 어땠습니까?

- **How did you do on ~?**
- **How did ~ go?**

⇨ 시험을 어떻게 보았냐는 질문에 '잘 봤다, 못 봤다'는 대답을 구문에 맞게 표현한다.

물리학 시험은 어떻게 보셨어요?

잘 본 것 같아요.

잘 못 봤습니다.

Midterms are next week.

I have two finals on Monday.

⇨ '중간고사'는 midterms, '기말고사'는 finals라고 한다. 중간고사, 기말고사는 시험을 여러 과목 보니까 복수형으로 쓰는 것에 주의하자.

My first midterm is three days away.

My last final is on Thursday.

I still have one final to go.

⇨ 중간고사나 기말고사의 개별 시험을 가리킬 때는 midterm, final처럼 단수로 쓴다.

How did you do on your Physics test?

How did that Physics exam go?

⇨ '~은 어땠습니까?'는 사람을 주어로 How did you do on ~?(~에 있어서 당신은 어떻게 했습니까?)이라고 할 수도 있고, 사물을 주어로 How did ~ go?(~이 어떻게 되었습니까?)라고 물을 수도 있다.

I think I did pretty well. / It went pretty well.

⇨ 대답할 때는 주어를 맞춰서 How did you do on ~?으로 물었으면 I did ~, How did ~ go?로 물었으면 It went ~라고 대답한다.

I didn't do very well.

It didn't go very well.

Step 2 응용표현 가지 뻗기

시험공부에 관한 표현	내일 중요한 시험이 있습니다.
	내일 보는 물리학 시험 준비를 해야 합니다.
	시험공부를 별로 못 했습니다.
	밤새도록 시험공부를 해야 할 겁니다.
	벼락치기 공부를 해야 합니다.
시험결과에 대한 표현	만점 맞은 것 같습니다.
	문제를 다 맞힌 것 같습니다.
	100점 맞은 것 같습니다.
	시험이 생각보다 어려웠습니다.
	화학을 낙제했습니다.
	시험을 망쳤습니다.
	기말시험을 망쳤습니다.

I have a big test tomorrow.

I have to study for my Physics test tomorrow.

I'm not well prepared for the test.

⇨ be prepared for는 '~에 대하여 준비가 되어 있다'.

I'll have to stay up all night for the test.

I may have to pull an all-nighter studying for the test.

I have to cram for it.

⇨ stay up은 '자지 않고 일어나 있다', pull an all-nighter는 '밤을 새다'는 뜻의 속어표현이다. cram for는 '~에 대하여 벼락치기 공부하다'.

I think I aced it.

I think I got all the questions right.

I think I got a 100 percent.

⇨ ace (a test)는 '(시험에서) 만점을 받다, A학점을 받다', get ~ right은 '~을 맞히다', get a 100 percent는 '100점을 맞다'이다.

The exam was harder than I had expected.

⇨ 먼저 어떨 것이라고 예상했는데, 시험이 예상보다 어려웠다는 것이므로 시제에서 차이가 난다.

I flunked Chemistry. / I got an F in Chemistry.

⇨ '~을 낙제하다'는 flunk, get an F in이라고 한다.

I blew the test. / I messed up the test.

I bombed out in my finals.

⇨ '시험을 망치다'는 blow, mess up, bomb out in 등을 써서 표현한다.

Step 3 실전회화 유창해지기

Challenge: 1

A: 이만 가 봐야겠어.[1]

B: 왜? 아직 초저녁인데,[2] 한 판 더 하자고.

A: 아니야, 그만 가 보는 것이 낫겠어. **내일 중요한 시험이 있는데, 제대로 준비를 못 했어.**

B: 그러고 보니까[3] 나도 내일 시험이 있네. 이것 참, **밤새 벼락치기 공부를 해야겠네.**[4]

A: I've got to split now.

B: Why? The night's still young. Let's play one more game.

A: No, I'd better go. **I have a big test tomorrow, and I'm not well prepared for it.**

B: That reminds me I have a test tomorrow, too. Gee, **I'll have to stay up all night cramming for it.**

---

[1] **이만 가 봐야겠다** 일반적인 표현으로 I've got to go. 라고 하거나, '떠나다'는 뜻의 속어표현인 split을 써 본다.

[2] **아직 초저녁이다** 우리말로 It's still early in the evening.이라고 하면 말은 되지만, 대화체로는 어색하다. 영어에서는 'night가 young(젊다)'하다고 한다.

[3] **그러고 보니까 …하다** 상대방의 말을 듣고 잊고 있던 것이 생각나는 상황으로, 이럴 때엔 '~에게 …이 생각나게 하다'는 뜻의 remind ~ that ...이란 표현을 쓰면 좋다. That reminds me I have a test tomorrow, too.에선 me 뒤에 that이 생략되었다.

[4] **밤새 벼락치기 공부하다** cram for it의 cram을 cramming으로 해서 stay up all night 뒤에 붙이면, 두 행위를 동시에 하는 것이 된다.

A: 물리 시험 어떻게 봤어?

B: 만점 받은 것 같아.

A: 잘 됐네! 그러면 이제 학기가 다 끝난 거야?[1]

B: 그렇진 않아. 화요일에 시험이 아직 하나 남아 있어. 그렇지만 오픈 북 시험이라 누워서 떡먹기지.[2]

A: **How did you do on your Physics test?**

B: **I think I aced it.**

A: That's great! So, are you all done for the semester?

B: Not exactly. **I still have one final to go on Tuesday.** But it's open book, so it's a no-brainer.

---

[1] **학기가 끝나다** 우리말처럼 '학기'를 주어로 하면 The semester is over.가 되겠지만, 학기는 학생 개개인의 시험 일정이나 과제에 따라 다르기 때문에 사람을 주어로 해서 I'm all done for the semester.라고 한다. be done (with ~)은 '(~을) 끝내다'.

[2] **누워서 떡먹기다** '매우 쉽다'라는 뜻으로 평범하게 It'll be easy.(쉬울 것이다)라고 하거나, '어떤 것을 하거나 이해하기 단순한 것'을 뜻하는 no-brainer란 단어도 기억해 두자. '식은 죽 먹기'란 뜻의 It's be a piece of cake.나 It'll be a cinch. 같은 관용표현도 좋다.

Review Units 33~35

1. 다음 우리말 대화를 영어로 말해 보세요.

(1) A: 이번 학기에 몇 과목 듣니?
    B: 지금 아르바이트를 하기 때문에 두 과목만 듣고 있어.

(2) A: 인터넷 마케팅 수강하고 있니?
    B: 그래, 하지만 수강을 취소할 생각이야. 너무 힘들어서.

(3) A: 중간학기 보고서는 어떻게 되어 가고 있나요?
    B: 잘 돼 가요. 당신은요?

(4) A: 기말고사 다 끝났나요?
    B: 아뇨, 아직 두 과목이 남아 있어요.

(5) A: 통계학 시험 어떻게 봤어요?
    B: 별로 잘 보지 못했어요.

2. 다음 문장 중 틀린 부분을 고쳐 보세요.

(1) I'm going to register classes tomorrow.

(2) The course offers only on weeknights.

(3) How's your term paper coming?

(4) I handed my paper in time.

Answers

1. (1) **A:** How many courses are you taking this semester? **B:** I'm only taking two courses because I have a part-time job now.
(2) **A:** Are you taking Internet Marketing? **B:** Yes, but I'm thinking of dropping it. It's too demanding for me.
(3) **A:** How's your midterm paper going? **B:** It's going pretty well. How's yours coming along?
(4) **A:** Are you done with your finals? **B:** No, I still have two finals to go.
(5) **A:** How did you do on your Statistics test? **B:** I didn't do very well.

(5) I'm not preparing very well for the test.

(6) I flunked in Biology

3. 우리말 문장에 맞게 영어 문장의 빈칸을 완성해 보세요.

(1) 이번 학기에 세 과목을 신청해 듣고 있습니다.
I'm _____ this semester.

(2) 나는 그 과목을 청강하고 있습니다.
I'm _____ the course.

(3) 수업 시간에 대비해 읽을 것이 매우 많습니다.
I _____ for classes.

(4) 물리학 에세이를 목요일까지 제출해야 합니다.
I have _____ on Thursday.

(5) 시험 준비 때문에 오늘 밤샘해야 할 겁니다.
I'll have to _____ the test.

(6) 시험을 망쳤어요.
I _____ the test.

Answers

2. **(1)** register → register for **(2)** offers → is offered **(3)** coming → coming along **(4)** handed → handed in, in time → on time **(5)** preparing → prepared **(6)** flunked in → flunked
3. **(1)** taking 3 courses 또는 registered for 3 courses **(2)** auditing 또는 sitting in on **(3)** have so much reading to do **(4)** a Physics essay due 또는 a Physics essay to turn in **(5)** stay up all night for **(6)** messed up 또는 blew

미국 대학생들의 성적표 들여다보기

미국 대학에서도 성적은 A, B, C, D와 낙제점수인 F로 매겨지며, 이를 A$^+$, A, A$^-$와 같이 더 세분화하는 경우도 있다. 그런데 미국 대학생들의 성적표에는 우리나라에는 없는 기호들도 있는데, 어떤 의미인지 한번 살펴보도록 하자.

P/F   Pass/Fail의 약자로, 성적을 등급별로 매기는 대신에 '통과/낙제' 둘 중의 하나로 평가할 때 사용된다. Satisfactory/Unsatisfactory의 약자인 S/U도 비슷한 개념이다.

Inc   Incomplete(끝마치지 않은)의 약자이다. 미국에선 학기중에 개인적인 사정으로 해당 강좌를 계속 듣지 못하거나 정해진 기간 안에 과제물을 제출하지 못해서 학기말에 성적이 나올 수 없는 경우에 Incomplete를 선택할 수 있다.

이 경우 다음 학기나 1년 후에 같은 강좌에서 남은 기간을 메우거나 방학 동안 과제물을 완성해서 제출하면, 교수가 이를 평가해서 점수를 매기고 Inc를 취소해 준다. 그러나 정해진 기간을 넘기면 F 학점을 받고 정정도 되지 않기 때문에 조심해야 한다.

W   수강신청 정정기간이 지나서 수강을 취소하면 W라고 표시되는데, Withdrawn(취소된)의 약자로 별로 명예스럽지 못한 것으로 간주된다.

세계에서 다 통하는 글로벌 영어, 글로비쉬 시리즈

글로비쉬로 말하자

장폴 네리에르 지음 | 신국판 | 192면 | 9,000원(MP3 무료 다운로드)

글로비쉬로 유창하게 표현하는 13가지 기술과 실천 방법을 담은 글로비쉬 학습법서. 글로비쉬(Globish)는 간편하고 쉬운 영어를 가리킨다. 실생활에 잘 안 쓰이고 외우기만 힘든 단어 대신 1,500개의 기본 단어들만 조합해도 얼마든지 뜻이 통하는 영어를 구사할 수 있다.

글로비쉬로 말하자 – 워크북

장폴 네리에르, 필립 뒤프레스, 자크 부르공 공저 | 4×6배판 | 256면 | 12,000원 (오디오 CD 1장 포함, MP3 무료 다운로드)

쉬운 영어로 말하기를 주창하는 '글로비쉬'를 익히기 위한 트레이닝북. 글로비쉬에서 자주 사용되는 24개의 문장구조를 제시하고, 기본적인 발음 원칙, 어휘 연습을 통해 실질적인 의사소통 능력을 길러준다.

Globish 20일 회화

장계성, 강윤혜 지음 | 신국판 | 272면 | 14,500원(MP3 CD 1장 포함)

우리가 일상생활에서 쓰는 회화표현들은 대부분 1500개 글로비쉬 단어 안에서 해결된다. 이 책은 글로비쉬 범위 내에서 필수 120개 패턴과 응용표현들을 뽑아 20일 동안 나누어 공부함으로써, 글로비쉬를 자유자재로 구사할 수 있게 도와준다.

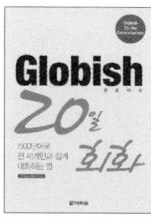

Globish 1500 워드 트레이닝

장계성, 강윤혜 지음 | 신국판 | 536면 | 21,000원(MP3 CD 1장 포함)

전 세계 88% 비영어권 화자와 의사소통하는데 필요한 글로비쉬의 핵심을 이루는 1500단어! 생생한 회화 예문을 통해 어떤 상황에서 어떤 식으로 활용할 수 있는지 알아가는 동시에, 글로비쉬 1500단어만으로 말을 하는 습관을 들이는 데 든든한 길잡이가 되어준다.